最新法律文件解读丛书

商事
法律文件解读

SHANGSHI FALÜ WENJIAN JIEDU

人民法院出版社　编

总第197辑　2021.05

人民法院出版社

图书在版编目(CIP)数据

商事法律文件解读．总第 197 辑 / 人民法院出版社编
．-- 北京：人民法院出版社，2021.6
（最新法律文件解读丛书）
ISBN 978-7-5109-3196-3

Ⅰ.①商… Ⅱ.①人… Ⅲ.①商法−法律解释−中国
Ⅳ.①D923.990.5

中国版本图书馆 CIP 数据核字（2021）第 115046 号

商事法律文件解读·总第 197 辑
人民法院出版社 编

责任编辑 路建华
出版发行 人民法院出版社
地　　址 北京市东城区东交民巷 27 号 邮编 100745
电　　话 （010）67550660（责任编辑） 67550558（发行部查询）
65223677（读者服务部）
客服 QQ 2092078039
网　　址 http://www.courtbook.com.cn
E - mail courtbook@sina.com
印　　刷 三河市国英印务有限公司
经　　销 新华书店
开　　本 787 毫米×1092 毫米 1/16
字　　数 108 千字
印　　张 8
版　　次 2021 年 6 月第 1 版 2021 年 6 月第 1 次印刷
书　　号 ISBN 978-7-5109-3196-3
定　　价 28.00 元

卷首语

为贯彻落实《民法典》，规范银行卡交易秩序，保障持卡人合法权益，最高人民法院于2021年5月24日公布了《最高人民法院关于审理银行卡民事纠纷案件若干问题的规定》。本辑重点收录了该规定及其解读文章。

2021年6月2日，中国银保监会印发《银行保险机构公司治理准则》，以推动银行保险机构提高公司治理质效，促进银行保险机构科学健康发展。本辑收录了该准则及其解读文章。

为充分发挥典型案例的示范引导作用，经各高级人民法院推荐，结合2020年最高人民法院审理的知识产权案件情况，最高人民法院选定了2020年中国法院10大知识产权案件和50件典型知识产权案例。本辑刊登了这些案件和典型案例名单并节选了10大案件中8个商事案件的简介。

在“新类型疑难案例选评”栏目，本辑刊登了《原告成都坤文运输有限公司诉被告王某刚、第三人韩某股东出资纠纷案》一文。该案例的裁判阐明：注册资本认缴制下，公司因资金短缺经营困难时，公司股东会可以按照合法程序通过决议修改章程，要求股东认缴出资加速到期，出资不到位的股东有义务履行。股东会采取多数决原则通过决议要求特定或选择部分股东出资加速到期的，该决议无效，该股东有权拒绝履行。

《最新法律文件解读》丛书
编 辑 部

兰丽专 （010）67550626

丁丽娜 （010）67550608

张　奎 （010）67550673

路建华 （010）67550660

杨晓燕 （010）67550508

执行编辑 路建华

邮　　箱 shangshijiedu@126.com

目录

司法解释、司法指导性文件与解读

部门规章、规章性文件与解读

地方司法业务文件与解读

典型案例

新类型疑难案例选评

司法解释、司法指导性文件与解读

最高人民法院

关于审理银行卡民事纠纷案件若干问题的规定

法释〔2021〕10号

（2019年12月2日最高人民法院审判委员会第1785次会议通过
2021年5月24日最高人民法院公告公布
自2021年5月25日起施行）

为正确审理银行卡民事纠纷案件，保护当事人的合法权益，根据《中华人民共和国民法典》《中华人民共和国民事诉讼法》等规定，结合司法实践，制定本规定。

第一条 持卡人与发卡行、非银行支付机构、收单行、特约商户等当事人之间因订立银行卡合同、使用银行卡等产生的民事纠纷，适用本规定。

本规定所称银行卡民事纠纷，包括借记卡纠纷和信用卡纠纷。

第二条 发卡行在与持卡人订立银行卡合同时，对收取利息、复利、费用、违约金等格式条款未履行提示或者说明义务，致使持卡人没有注意或者理解该条款，持卡人主张该条款不成为合同的内容、对其不具有约束力的，人民法院应予支持。

发卡行请求持卡人按照信用卡合同的约定给付透支利息、复利、违约金等，或者给付分期付款手续费、利息、违约金等，持卡人以发卡行主张的总额过高为由请求予以适当减少的，人民法院应当综合考虑国家有关金融监管规定、未还款的数额及期限、当事人过错程度、发卡行的实际损失等因素，根据公平原则和诚信原则予以衡量，并作出裁决。

第三条 具有下列情形之一的，应当认定发卡行对持卡人享有的债权请求权诉讼时效中断：

（一）发卡行按约定在持卡人账户中扣划透支款本息、违约金等；

（二）发卡行以向持卡人预留的电话号码、通讯地址、电子邮箱发送手机短信、书面信件、电子邮件等方式催收债权；

（三）发卡行以持卡人恶意透支存在犯罪嫌疑为由向公安机关报案；

（四）其他可以认定为诉讼时效中断的情形。

第四条 持卡人主张争议交易为伪卡盗刷交易或者网络盗刷交易的，可以提供生效法律文书、银行卡交易时真卡所在地、交易行为地、账户交易明细、交易通知、报警记录、挂失记录等证据材料进行证明。

发卡行、非银行支付机构主张争议交易为持卡人本人交易或者其授权交易的，应当承担举证责任。发卡行、非银行支付机构可以提供交易单据、对账单、监控录像、交易身份识别信息、交易验证信息等证据材料进行证明。

第五条 在持卡人告知发卡行其账户发生非因本人交易或者本人授权交易导致的资金或者透支数额变动后，发卡行未及时向持卡人核实银行卡的持有及使用情况，未及时提供或者保存交易单据、监控录像等证据材料，导致有关证据材料无法取得的，应承担举证不能的法律后果。

第六条 人民法院应当全面审查当事人提交的证据，结合银行卡交易行为地与真卡所在地距离、持卡人是否进行了基础交易、交易时间和报警时间、持卡人用卡习惯、银行卡被盗刷的次数及频率、交易系统、技术和设备是否具有安全性等事实，综合判断是否存在伪卡盗刷交易或者网络盗刷交易。

第七条 发生伪卡盗刷交易或者网络盗刷交易，借记卡持卡人基于借记卡合同法律关系请求发卡行支付被盗刷存款本息并赔偿损失的，人民法院依法予以支持。

发生伪卡盗刷交易或者网络盗刷交易，信用卡持卡人基于信用卡合同法律关系请求发卡行返还扣划的透支款本息、违约金并赔偿损失的，人民法院依法予以支持；发卡行请求信用卡持卡人偿还透支款本息、违约金等的，人民法院不予支持。

前两款情形，持卡人对银行卡、密码、验证码等身份识别信息、交易验证信息未尽妥善保管义务具有过错，发卡行主张持卡人承担相应责任的，人民法院应予支持。

持卡人未及时采取挂失等措施防止损失扩大，发卡行主张持卡人自行承担扩大损失责任的，人民法院应予支持。

第八条 发卡行在与持卡人订立银行卡合同或者在开通网络支付业务功能时，未履行告知持卡人银行卡具有相关网络支付功能义务，持卡人以其未与发卡行就争议网络支付条款达成合意为由请求不承担因使用该功能而导致网络盗刷责任的，人民法院应予支持，但有证据证明持卡人同意使用该网络支付功能的，适用本规定第七条规定。

非银行支付机构新增网络支付业务类型时，未向持卡人履行前款规定义务的，参照前款规定处理。

第九条 发卡行在与持卡人订立银行卡合同或者新增网络支付业务时，未完全告知某一网络支付业务持卡人身份识别方式、交易验证方式、交易规则等足以影响持卡人决定是否使用该功能的内容，致使持卡人没有全面准确理解该功能，持卡人以其未与发卡行就相关网络支付条款达成合意为由请求不承担因使用该功能而导致网络盗刷责任的，人民法院应予支持，但持卡人对于网络盗刷具有过错的，应当承担相应过错责任。发卡行虽然未尽前述义务，但是有证据证明持卡人知道并理解该网络支付功能的，适用本规定第七条规定。

非银行支付机构新增网络支付业务类型时，存在前款未完全履行告知义务情形，参照前款规定处理。

第十条 发卡行或者非银行支付机构向持卡人提供的宣传资料载明其承担网络盗刷先行赔付责任，该允诺具体明确，应认定为合同的内容。持卡人据此请求发卡行或者非银行支付机构承担先行赔付责任的，人民法院应予支持。

因非银行支付机构相关网络支付业务系统、设施和技术不符合安全要求导致网络盗刷，持卡人请求判令该机构承担先行赔付责任的，人民法院应予支持。

第十一条 在收单行与发卡行不是同一银行的情形下，因收单行未尽保障持卡人用卡安全义务或者因特约商户未尽审核持卡人签名真伪、银行卡真伪等审核义务导致发生伪卡盗刷交易，持卡人请求收单行或者特约商户承担赔偿责任的，人民法院应予支持，但持卡人对伪卡盗刷交易具有过错，可以减轻或者免除收单行或者特约商户相应责任。

持卡人请求发卡行承担责任，发卡行申请追加收单行或者特约商户作为第三人参加诉讼的，人民法院可以准许。

发卡行承担责任后，可以依法主张存在过错的收单行或者特约商户承担相应责任。

第十二条 发卡行、非银行支付机构、收单行、特约商户承担责任后，请求盗刷者承担侵权责任的，人民法院应予支持。

第十三条 因同一伪卡盗刷交易或者网络盗刷交易，持卡人向发卡行、非银行支付机构、收单行、特约商户、盗刷者等主体主张权利，所获赔偿数额不应超过其因银行卡被盗刷所致损失总额。

第十四条 持卡人依据其对伪卡盗刷交易或者网络盗刷交易不承担或者不完全承担责任的事实，请求发卡行及时撤销相应不良征信记录的，人民法院应予支持。

第十五条 本规定所称伪卡盗刷交易，是指他人使用伪造的银行卡刷卡进行取现、消费、转账等，导致持卡人账户发生非基于本人意思的资金减少或者透支数额增加的行为。

本规定所称网络盗刷交易，是指他人盗取并使用持卡人银行卡网络交易身份识别信息和交易验证信息进行网络交易，导致持卡人账户发生非因本人意思的资金减少或者透支数额增加的行为。

第十六条 本规定施行后尚未终审的案件，适用本规定。本规定施行前已经终审，当事人申请再审或者按照审判监督程序决定再审的案件，不适用本规定。

切实贯彻落实《民法典》
规范银行卡交易秩序　依法保障持卡人合法权益

——《最高人民法院关于审理银行卡民事纠纷案件若干问题的规定》解读

最高人民法院民二庭负责人

《民法典》是一部体现我国社会主义性质，符合人民利益和愿望，顺应时代发展要求的民法典。为贯彻落实《民法典》，规范银行卡交易秩序，保障持卡人合法权益，最高人民法院根据《民法典》《民事诉讼法》等规定，制定了《最高人民法院关于审理银行卡民事纠纷案件若干问题的规定》（以下简称《银行卡规定》）。《银行卡规定》经最高人民法院审判委员会审议通过，自发布之日起实施。最高人民法院民二庭负责人就《银行卡规定》所涉主要问题进行了解读。

一、《银行卡规定》出台的背景、起草过程和意义

《银行卡规定》的出台，是最高人民法院坚持以习近平新时代中国特色社会主义思想为指导，深入贯彻落实习近平总书记关于切实实施《民法典》的重要讲话精神的重要举措，体现了最高人民法院及时颁布具有针对性、适用性、有利于保护人民权益的司法解释，坚持服务大局、司法为民、公正司法的政治担当。《银行卡规定》的出台，也是贯彻落实习近平总书记在中央全面依法治国工作会议上的重要讲话精神，聚焦金融产品新模式，依法服务金融高质量发展的重要举措，体现了最高人民法院从新发展阶段出发，依法对互联网金融进行规制，为化解金融风险、提高我国金融国际竞争力提供有力司法服务和保障的高度政治自觉。

作为一种便捷的信用支付工具，银行卡在我国得到广泛使用。随着移动互联网向数字时代快速演进，银行卡网络支付日益增多。金融产品和金融科技的新发展在给人民生产生活带来便利和改善的同时，也伴生着相关法律风险。近年来，在申领、使用银行卡过程中，因银行卡盗刷、信用卡透支息费、违约金收取等行为引发的银行卡纠纷持续增多，人民法院受理的案件呈现增长趋势，成为社会广泛关注的重要问题。银行卡盗刷在侵害当事人财产权益的同时，也影响了银行卡支付市场的安全稳定发展，潜藏着较大的风险。最高人民法院坚持问题导向和需求导向，着力破解银行卡纠纷中的疑难问题以及社会公众关注的问题，通过多次召开法院系统座谈会、金融系统座谈会、专家论证会等形式，对银行卡民事纠纷相关问题进行充分调研和反复论证，广泛听取各方意见，

最终形成《银行卡规定》。

最高人民法院在审判委员会审议《银行卡规定》送审稿过程中，遵循司法公开、司法民主原则，邀请了全国人大代表、全国政协委员以及专家学者参会，与会者对《银行卡规定》送审稿提出了很多富有建设性的意见和建议。《银行卡规定》的出台，凝聚了社会各方才智，体现了社情民意。

《银行卡规定》根据《民法典》有关格式合同条款效力、合同责任、侵权责任、诉讼时效等方面的规定，对银行卡盗刷、息费违约金条款、诉讼时效中断等问题进行了规定。《银行卡规定》在银行卡产业法治化发展进程中具有里程碑作用。其关于银行卡网络盗刷问题的规定，对于适应金融科技发展需要，加强银行卡网络交易安全保护，健全国家网络安全法律法规具有重要意义。

二、如何正确理解和适用关于银行卡盗刷交易的相关规定

银行卡盗刷交易分为伪卡盗刷交易和银行卡网络盗刷交易两种，《银行卡规定》第十五条对两种盗刷类型进行了界定。伪卡盗刷交易和网络盗刷交易的主要区别是，他人是否使用伪造的银行卡刷卡进行交易。伪卡盗刷交易着重强调他人伪造银行卡卡片刷卡进行交易；网络盗刷交易的特点是盗刷者不使用伪造银行卡卡片刷卡交易。银行卡盗刷交易认定的着眼点是“持卡人账户发生非因本人意思的资金减少或者透支数额增加的行为”，该交易不是持卡人本人授权交易。该规定将持卡人与他人恶意串通进行的银行卡交易排除在《银行卡规定》规制的银行卡盗刷交易之外，原因在于持卡人与他人恶意串通进行的银行卡交易实质是持卡人的授权交易。

关于银行卡盗刷交易事实认定，《银行卡规定》主要从举证责任分配和法院认证规则两个方面在第四条和第六条进行了规定。《银行卡规定》第四条根据“谁主张谁举证”以及“谁占有证据谁举证”的举证

责任分配原则，分别在第一款与第二款规定，持卡人主张争议交易为伪卡盗刷交易或者网络盗刷交易的，可以提供生效法律文书、银行卡交易时真卡所在地、交易行为地、账户交易明细、交易通知、报警记录、挂失记录等证据材料进行证明；发卡行、非银行支付机构主张争议交易为持卡人本人交易或者其授权交易的，应当承担举证责任。应予明确的是，《银行卡规定》第四条第一款以列举的方式列明了持卡人在主张存在银行卡盗刷事实时可以提交的证据材料以完成其初步举证责任。该规定的目的是指引持卡人如何全面提供证据材料证明自己的主张，而并非表明在任何案件中持卡人均必须提交该款列明的全部证据材料才能证明自己的主张。在个案中，人民法院可以根据案件事实、持卡人的举证能力等因素，确定持卡人提交的该款规定的相关证据材料是否能够使人民法院对存在银行卡盗刷的事实形成初步确信。由于在银行卡交易中，有关支付授权的所有记录和数据、录像都掌握在发卡行等主体手中，持卡人难以获得和掌握，无法对上述证据进行举证，故依据证据法上“谁占有证据谁举证”的举证责任分配原则，占有上述证据的主体即发卡行或者收单行、非银行支付机构等应承担举证责任。《银行卡规定》第五条规定了发卡行的核实、保全证据义务，与举证责任分配相协调。

关于银行卡盗刷责任，《银行卡规定》基于银行卡交易类型多样、主体不同等特点，根据纠纷产生主体和法律关系的不同，在第七条至第十二条分别对不同主体之间的盗刷责任进行了规定，并在第十三条规定了不得重复受偿原则。上述规定通过明确发卡行、持卡人、收单行、特约商户、非银行支付机构等主体的义务、责任，为规范各方主体行为，提高银行卡交易安全水平，更好构建银行卡制度体系发挥了指引作用。

《银行卡规定》第七条主要规定在持卡人与发卡行之间成立银行卡合同法律关系情形下，因银行卡盗刷发生纠纷的责任认定问题。因持卡人与发卡行之间形成银行卡合同法律关系，故《银行卡规定》根据《民法典》第五百七十七条、第五百九十一条至第五百九十三条的规定，适用无过错归责原则以及与有过错、减损义务的规定，区分借记卡盗刷和信用卡盗刷，分四款对发卡行、持卡人的责任进行了规定。该条规定的核心要义有五点：一是银行卡盗刷交易不是持卡人本人合法授权行为。二是依据《民法典》第五百七十七条的规定，采用无过错归责原则认定违约责任。在银行卡合同法律关系中，适用无过错归责原则认定违约责任的法理基础在于：首先，作为银行卡产品与服务的推行者，发卡行在提供银行卡产品获得收益的同时应当以更加安全的技术保障持卡人用卡安全，这符合制造风险者应防范风险的法理以及风险与收益相对等原则。其次，发卡行具有相较于持卡人更为强大的风险预防、控制和承受能力。规定无过错归责原则有利于鼓励发卡行提供安全性更高的银行卡产品和服务，从源头上减少风险发生概率，防控金融风险，促进银行卡产业安全稳定发展。最后，符合《民法典》关于违约责任归责原则的规定。该规定有利于减轻非违约方责任，保护非违约方利益，增强当事人的守约意识。三是因借记卡合同法律关系与信用卡合同法律关系存在不同，故《银行卡规定》区分借记卡盗刷和信用卡盗刷两种情形进行了规定。对于信用卡盗刷，又区分发卡行已经扣划透支本息违约金等和未扣划两种情形分别进行了规定。《银行卡规定》第七条第一款规定，发生伪卡盗刷交易或者网络盗刷交易，借记卡持卡人基于借记卡合同法律关系请求发卡行支付被盗刷存款本息并赔偿损失的，人民法院依法予以支持。第二款规定，发生伪卡盗刷交易或者网络盗刷交易，信用卡持卡人基于信用卡合同法律关系请求发卡行返还扣划的透支款本息、违约金并赔偿损失的，人民法院依法予以支持；发卡行请求信用卡持卡人偿还透支款本息、违约金等的，人民法院不予支持。四是根据《民法典》第五百九十二条关于与有过错的规定，该条第三款规定，持卡人未对银行卡、密码、验证码等身份识别信息和交易验证信息尽到妥善保管义务具有过错，应承担相应责任。关于持卡人是否尽到妥善保管义务，人民法院应当从持卡人是否依照法律、行政法规、行政规章等规定和通常做法，是否妥善保管银行卡卡片、卡片信息、密码等身份识别和交易验证信息，是否以具有安全性的方式使用银行卡等方面进行综合认定。五是根据《民法典》第五百九十一条关于减损义务的规定，该条第四款规定，持卡人未及时采取挂失等措施防止损失扩大，违反减损义务的，发卡行主张持卡人自行承担扩大损失责任的，人民法院应予支持。

《银行卡规定》第十一条对因收单行未尽保障持卡人用卡安全义务导致伪卡盗刷交易以及特约商户未尽审核义务导致伪卡盗刷交易，持卡人与特约商户之间、持卡人与收单行之间以及持卡人与发卡行之间产生纠纷后，如何认定各主体的责任进行了规定。前述情形，因收单行与持卡人之间并未成立银行卡合同关系，故持卡人基于侵权法律关系诉求收单行承担银行卡被盗刷的侵权责任的，人民法院应予支持，但持卡人对伪卡盗刷交易具有过错的，应承担相应责任。特约商户在接受持卡人持卡交易时，负有审核持卡人签名真伪、银行卡真伪等的审核义务，其未尽该义务导致伪卡盗刷交易的，应对持卡人承担侵权赔偿责任，但持卡人对伪卡盗刷交易具有过错的，应承担相应责任。持卡人也可能只诉求与其成立银行卡合同法律关系的发卡行承担违约责任。在该情形下，发卡行申请追加收单行或者特约商户作为第三人参加诉讼的，根据《民事诉讼法》第五十六条的规定，第十一条规定人民法院可以准许。

《银行卡规定》第十二条规定了盗刷者的责任。银行卡盗刷的最终责任人为盗刷者，因此，尽管持卡人可以基于其与发卡行、收单行、非银行支付机构、特约商户之间的法律关系诉求上述主体承担法律责任，但上述主体承担责任后，均依法享有请求盗刷者承担侵权责任的权利。

鉴于基于同一银行卡盗刷交易事实，持卡人享有依据其与发卡行、非银行支付机构、收单行、特约商户、盗刷者等之间的不同法律关系、分别主张权利的事实，为避免持卡人重复受偿，《银行卡规定》第十三条规定，持卡人所获赔偿数额不应超过其因银行卡被盗刷所致损失总额。

三、《银行卡规定》第二条规定的目的、起草思路以及如何正确理解与适用

银行卡合同为格式合同，息费违约金条款为格式条款。在银行卡实务中，存在发卡行工作人员在向持卡人推介银行卡时，只强调信用卡存在免息期和最低还款额的优惠而避谈信用卡逾期还款将收取逾期利息、复利、违约金等问题，或者只强调分期付款的信用卡不收取利息等优惠，但却不告知分期付款将按期收取费用、逾期收取违约金等问题，这导致持卡人在不知道、不理解息费违约金的收取方式以及不知道信用卡透支交易收取的年利率远高于普通金融贷款的情况下签订信用卡合同，领用信用卡。在审判实务中，因为上述问题的存在，时常出现持卡人抗辩偿还的利息、复利、违约金、手续费总额过高的问题。发卡行的上述行为侵害了持卡人的知情权和公平交易权，引起社会公众对该条款公平性的质疑。还有一些金融机构为获得银行卡市场份额，盲目增加发卡数量，不审查持卡人的偿还能力，导致一些不具有偿还能力的主体成为持卡人。信用卡透支消费所具有的融资性在给持卡人带来方便的同时也伴随着非理性消费者超出自身偿还能力透支的风险。高额息费违约金虽然可以补偿发卡行因信用卡透支产生的高风险，但其加重了持卡人的债务负担。高额息费违约金条款导致信用卡债权的不良数额增多，民事纠纷大量出现，甚至产生恶意透支犯罪问题，在给持卡人个人信用造成不良影响的同时，也易引发金融纠纷和社会问题。因此，依法对过高息费违约金条款进行调整，对于引导发卡行依据公平原则拟定息费违约金条款、保护持卡人合法权益具有重要意义。基于上述目的，《银行卡规定》第二条依据《民法典》第四百九十六条、第四百九十七条关于格式条款的规定，对银行卡合同中相关息费违约金格式条款进行规制。

根据《民法典》第四百九十六条的规定，《银行卡规定》第二条第一款规定了发卡行的提示和说明义务，要求发卡行在订立银行卡格式合

同时，应当对息费违约金格式条款尽到提示和说明义务。如果没有尽到该义务，致使持卡人没有注意或者理解该与其有重大利害关系的条款的，应认定持卡人与发卡行未就该条款达成一致意思表示，该条款不成为合同的内容。《民法典》第四百九十七条对格式条款无效情形进行了规定：“……（一）具有本法第一编第六章第三节和本法第五百零六条规定的无效情形；（二）提供格式条款一方不合理地免除或者减轻其责任、加重对方责任、限制对方主要权利；（三）提供格式条款一方排除对方主要权利。”其中，第一类是其他民事法律行为通用的无效情形。第二类、第三类则是格式条款特有的无效情形，其目的在于规制单方拟定格式条款一方恣意追求单方利益，违背公平原则，不合理地分配合同交易中的风险和负担。该款规定表明，尽管格式条款成为合同的内容，但由于其有违契约正义，故需要依据公平原则对失衡的契约自由进行矫正，当事人的相关约定因违反公平原则而应认定无效。因此，在审判实务中，如果银行卡合同中的息费违约金格式条款存在《民法典》第四百九十七条规定的无效情形，应认定无效。

应予明确的是，无论格式条款不成为银行卡合同内容还是虽成为合同内容但被认定无效，都只是意味着该条款不能约束持卡人，不能按照该条款内容收取信用卡透支息费违约金，但并不表明，发卡行不能依法收取利息、复利、违约金和相关费用。关于如何依法确定发卡行收取的息费违约金标准，《银行卡规定》第二条第二款进行了规定，即：“发卡行请求持卡人按照信用卡合同的约定给付透支利息、复利、违约金等，或者给付分期付款手续费、利息、违约金等，持卡人以发卡行主张的总额过高为由请求予以适当减少的，人民法院应当综合考虑国家有关金融监管规定、未还款的数额及期限、当事人过错程度、发卡行的实际损失等因素，根据公平原则和诚信原则予以衡量，并作出裁决。”该款规定主要从调整原则和调整应考虑的因素两个方面对息费违约金条款进行规制。“未还款的数额及期限”是考量持卡人违约程度的因素。“发卡行的实际损失”“当事人过错程度”是考量约定的违约金是否过高的因素，避免无限加重消费者的违约成本。该款规定实质为人民法院对发卡行诉求的息费违约金总额设定上限进行调整，该上限应依法确定。由于信用卡透支交易本质上是金融机构向持卡人出借款项，故该上限不应参照民间借贷利率上限进行确定。

我们注意到，2021年3月31日，中国人民银行发布的中国人民银行公告〔2021〕第3号规定：“……所有从事贷款业务的机构，在网站、移动端应用程序、宣传海报等渠道进行营销时，应当以明显的方式向借款人展示年化利率，并在签订贷款合同时载明。……贷款年化利率应以对借款人收取的所有贷款成本与其实际占用的贷款本金的比例计算，并折算为年化利率。其中，贷款成本应包括利息及与贷款直接相关的各类费用。……”该公告颁布的目的是维护贷款市场竞争秩序，保护金融消费者合法权益。《银行卡规定》与上述规定的价值取向是一致的。

四、《银行卡规定》第三条规定的起草目的以及如何正确理解与适用

《银行卡规定》第三条规定的目的是遵循诚实信用原则，依法保护金融债权。诚实信用是社会主义核心价值观的重要内容，是《民法典》的基本原则。该条规定是推动社会主义核心价值观深度融入审判工作，确保人民法院的司法解释发挥价值引领功能的具体体现。信用卡透支，本质为发卡行向持卡人出借款项，因此形成发卡行对持卡人的金融债权，在持卡人未依法依约偿还透支款本息、违约金等的情形下，存在依法对发卡行金融债权保护问题。《银行卡规定》第三条通过适用《民法典》诉讼时效中断制度的相关规定，对金融债权进行保护，防止恶意逃债。该规定与《民法典》修改诉讼时效制度、更好建设诚信社会的立法目的正相契合。

《银行卡规定》第三条主要针对发卡行对持卡人享有的信用卡透支债权请求权的特点，采取列举式与概括式相结合的方式对该问题进行了规定。其具体列明以下三项诉讼时效中断事由：“（一）发卡行按约定在持卡人账户中扣划透支款本息、违约金等；（二）发卡行以向持卡人预留的电话号码、通讯地址、电子邮箱发送手机短信、书面信件、电子邮件等方式催收债权；（三）发卡行以持卡人恶意透支存在犯罪嫌疑为由向公安机关报案。”第一项和第二项情形均属于《民法典》第一百九十五条规定的“权利人向义务人提出履行请求”这一诉讼时效中断事由，故应认定诉讼时效中断。应予明确的是，因诉讼时效的客体为请求权，请求权是有相对人的权利，故对于发卡行采取第二项规定的方式向持卡人提出履行请求的，人民法院在认定其构成诉讼时效中断事由时应采取到达主义。第三项事由主要适用于民刑交叉情形。在审判实务中，存在发卡行在提起民事诉讼前，以持卡人恶意透支存在犯罪嫌疑为由先向公安机关报案的情形。该情形下，发卡行报案是否可以产生诉讼时效中断效力是需要明确的问题。根据法理，权利人以提出请求方式主张权利分为两种情形：一种情形为发卡行直接向持卡人提出履行请求，此属于“私力救济”方式；另一种情形是发卡行向有权处理相关事项的机关、事业单位或者社会团体等提出保护权利请求，此属于“公力救济”或者“类公力救济”方式。第二种情形属于《民法典》第一百九十五条第四项规定的“与提起诉讼或者申请仲裁具有同等效力的其他情形”，故其发生诉讼时效中断效力。该项规定也是《最高人民法院关于审理民事案件适用诉讼时效制度若干问题的规定》第十五条规定在银行卡纠纷案件中的具体化适用。该条规定：“权利人向公安机关、人民检察院、人民法院报案或者控告，请求保护其民事权利的，诉讼时效从其报案或者控告之日起中断。”

（来源：中国法院网）

部门规章、规章性文件与解读

中国银保监会

银行保险机构公司治理准则

（2021 年 6 月 2 日中国银保监会以银保监发〔2021〕14 号发布）

第一章　总　　则

第一条　为推动银行保险机构提高公司治理质效，促进银行保险机构科学健康发展，根据《中华人民共和国公司法》《中华人民共和国商业银行法》《中华人民共和国银行业监督管理法》《中华人民共和国保险法》和其他相关法律法规，制定本准则。

第二条　本准则所称银行保险机构，是指在中华人民共和国境内依法设立的股份有限公司形式的商业银行、保险公司。

第三条　银行保险机构应当按照公司法、本准则等法律法规及监管规定，建立包括股东大会、董事会、监事会、高级管理层等治理主体在内的公司治理架构，明确各治理主体的职责边界、履职要求，完善风险管控、制衡监督及激励约束机制，不断提升公司治理水平。

第四条　银行保险机构应当持续提升公司治理水平，逐步达到良好公司治理标准。

良好公司治理包括但不限于以下内容：

（一）清晰的股权结构；

（二）健全的组织架构；

（三）明确的职责边界；

（四）科学的发展战略；

（五）高标准的职业道德准则；

（六）有效的风险管理与内部控制；

（七）健全的信息披露机制；

（八）合理的激励约束机制；

（九）良好的利益相关者保护机制；

（十）较强的社会责任意识。

第五条 银行保险机构股东、董事、监事、高级管理人员等应当遵守法律法规、监管规定和公司章程，按照各司其职、各负其责、协调运转、有效制衡的原则行使权利、履行义务，维护银行保险机构合法权益。

股东、董事、监事、高级管理人员等治理主体或相关人员不得以干扰股东大会、董事会、监事会会议正常召开等方式妨碍公司治理机制的正常运行，不得损害公司利益。

第六条 银行保险机构应当按照法律法规及监管规定，制定并及时修改完善公司章程。银行保险机构章程对公司、股东、董事、监事、高级管理人员具有约束力。

银行保险机构应当在公司章程中对股东大会、董事会、监事会、高级管理层的组成和职责等作出安排，明确公司及其股东、董事、监事、高级管理人员等各方权利、义务。

银行保险机构应当在公司章程中规定，主要股东应当以书面形式向银行保险机构作出在必要时向其补充资本的长期承诺，作为银行保险机构资本规划的一部分，并在公司章程中规定公司制定审慎利润分配方案时需要考虑的主要因素。

商业银行应当在公司章程中规定股东在本行授信逾期时的权利限制。主要股东在本行授信逾期的，应当限制其在股东大会的表决权，并限制其提名或派出的董事在董事会的表决权。其他股东在本行授信逾期的，商业银行应当结合本行实际情况，对其相关权利予以限制。

第七条　中国银行保险监督管理委员会（以下简称中国银保监会）及其派出机构通过实施行政许可、现场检查、非现场监管、评估等方式，对银行保险机构公司治理实施持续监管。

监管机构可以根据银行保险机构的不同类型及特点，对其公司治理开展差异化监管。

监管机构可以派员列席银行保险机构股东大会、董事会、监事会等会议。银行保险机构召开上述会议，应当至少提前三个工作日通知监管机构。因特殊情况无法满足上述时间要求的，应当及时通知监管机构并说明理由。

银行保险机构应当将股东大会、董事会和监事会的会议记录和决议等文件及时报送监管机构。

第八条　监管机构定期对银行保险机构公司治理情况开展现场或非现场评估。

监管机构反馈公司治理监管评估结果后，银行保险机构应当及时将有关情况通报给董事会、监事会、高级管理层，并按监管要求及时进行整改。

第二章　党的领导

第九条　国有银行保险机构应当按照有关规定，将党的领导融入公司治理各个环节，持续探索和完善中国特色现代金融企业制度。

第十条 国有银行保险机构应当将党建工作要求写入公司章程，列明党组织的职责权限、机构设置、运行机制、基础保障等重要事项，落实党组织在公司治理结构中的法定地位。

第十一条 国有银行保险机构应当坚持和完善“双向进入、交叉任职”领导体制，符合条件的党委班子成员可以通过法定程序进入董事会、监事会、高级管理层，董事会、监事会、高级管理层中符合条件的党员可以依照有关规定和程序进入党委。党委书记、董事长一般由一人担任，党员行长（总经理）一般担任副书记。

第十二条 国有银行保险机构党委要切实发挥把方向、管大局、保落实的领导作用，重点管政治方向、领导班子、基本制度、重大决策和党的建设，切实承担好从严管党治党责任。重大经营管理事项必须经党委研究讨论后，再由董事会或高级管理层作出决定。

第十三条 国有银行保险机构要持续健全党委领导下以职工代表大会为基本形式的民主管理制度，重大决策应当听取职工意见，涉及职工切身利益的重大问题必须经过职工代表大会或者职工大会审议，保证职工代表依法有序参与公司治理。

第十四条 民营银行保险机构要按照党组织设置有关规定，建立党的组织机构，积极发挥党组织的政治核心作用，加强政治引领，宣传贯彻党的路线方针政策，团结凝聚职工群众，维护各方合法权益，建设先进企业文化，促进银行保险机构持续健康发展。

第三章 股东与股东大会

第一节 股 东

第十五条 银行保险机构股东按照公司法等法律法规、监管规定和公司章程行使股东权利。

第十六条 银行保险机构股东除按照公司法等法律法规及监管规定履行股东义务外，还应当承担如下义务：

（一）使用来源合法的自有资金入股银行保险机构，不得以委托资金、债务资金等非自有资金入股，法律法规或者监管制度另有规定的除外；

（二）持股比例和持股机构数量符合监管规定，不得委托他人或者接受他人委托持有银行保险机构股份；

（三）按照法律法规及监管规定，如实向银行保险机构告知财务信息、股权结构、入股资金来源、控股股东、实际控制人、关联方、一致行动人、最终受益人、投资其他金融机构情况等信息；

（四）股东的控股股东、实际控制人、关联方、一致行动人、最终受益人发生变化的，相关股东应当按照法律法规及监管规定，及时将变更情况书面告知银行保险机构；

（五）股东发生合并、分立，被采取责令停业整顿、指定托管、接管、撤销等措施，或者进入解散、清算、破产程序，或者其法定代表人、公司名称、经营场所、经营范围及其他重大事项发生变化的，应当按照法律法规及监管规定，及时将相关情况书面告知银行保险机构；

（六）股东所持银行保险机构股份涉及诉讼、仲裁、被司法机关等采取法律强制措施、被质押或者解质押的，应当按照法律法规及监管规定，及时将相关情况书面告知银行保险机构；

（七）股东转让、质押其持有的银行保险机构股份，或者与银行保险机构开展关联交易的，应当遵守法律法规及监管规定，不得损害其他股东和银行保险机构利益；

（八）股东及其控股股东、实际控制人不得滥用股东权利或者利用关联关系，损害银行保险机构、其他股东及利益相关者的合法权益，不得干预董事会、高级管理层根据公司章程享有的决策权和管理权，不得越过董事会、高级管理层直接干预银行保险机构经营管理；

（九）银行保险机构发生风险事件或者重大违规行为的，股东应当配合监管机构开展调查和风险处置；

（十）法律法规、监管规定及公司章程规定股东应当承担的其他义务。

银行保险机构应当在公司章程中列明上述股东义务，并明确发生重大风险时相应的损失吸收与风险抵御机制。

第十七条 银行保险机构应当支持股东之间建立沟通协商机制，推动股东相互之间就行使权利开展正当沟通协商。

银行保险机构应当在公司与股东之间建立畅通有效的沟通机制，公平对待所有股东，保障股东特别是中小股东对公司重大事项的知情、参与决策和监督等权利。

股东有权依照法律法规的规定，通过民事诉讼或其他法律手段维护其合法权益，并可以向监管机构反映有关情况。

第二节 股东大会

第十八条 银行保险机构股东大会应当在法律法规和公司章程规定的范围内行使职权。

除公司法规定的职权外，银行保险机构股东大会职权至少应当包括：

（一）对公司上市作出决议；

（二）审议批准股东大会、董事会和监事会议事规则；

（三）审议批准股权激励计划方案；

（四）依照法律规定对收购本公司股份作出决议；

（五）对聘用或解聘为公司财务报告进行定期法定审计的会计师事务所作出决议；

（六）审议批准法律法规、监管规定或者公司章程规定的应当由股东大会决定的其他事项。

公司法及本条规定的股东大会职权不得授予董事会、其他机构或者个人行使。

第十九条 银行保险机构应当按照法律法规及监管规定，在公司章程中列明股东大会职权，股东大会召集、提案、会议通知、表决和决议、会议记录及其签署等内容。

第二十条 股东大会会议分为年度股东大会和临时股东大会。

银行保险机构应当于每一会计年度结束后六个月内召开年度股东大会。银行保险机构应当按照公司法有关规定，召开临时股东大会。二分之一以上且不少于两名独立董事提议召开临时股东大会的，银行保险机构应当在两个月内召开临时股东大会。

年度股东大会或临时股东大会未能在公司法及本准则规定期限内召开的，银行保险机构应当向监管机构书面报告并说明原因。

银行保险机构应当制定股东大会议事规则。股东大会议事规则由董事会负责制订，经股东大会审议通过后执行。

第二十一条 股东大会会议应当以现场会议方式召开。

银行保险机构应当建立安全、经济、便捷的网络或采用其他方式，为中小股东参加股东大会提供便利条件。

第二十二条 股东大会作出决议，必须经出席会议的股东所持表决权过半数通过。

但下列事项必须经出席会议股东所持表决权三分之二以上通过：

（一）公司增加或者减少注册资本；

（二）发行公司债券或者公司上市；

（三）公司合并、分立、解散、清算或者变更公司形式；

（四）修改公司章程；

（五）罢免独立董事；

（六）审议批准股权激励计划方案；

（七）法律法规、监管规定或者公司章程规定的，需要经出席会议股东所持表决权三分之二以上通过的其他事项。

第二十三条 鼓励银行保险机构股东大会就选举董事、监事进行表决时，实行累积投票制。

第二十四条 股东大会应当将所议事项的决定作成会议记录，会议记录保存期限为永久。

第四章 董事与董事会

第一节 董 事

第二十五条 银行保险机构董事为自然人，由股东大会选举产生、罢免。

鼓励银行保险机构设立职工董事，职工董事由职工民主选举产生、罢免。

第二十六条 银行保险机构应当在公司章程中规定董事的提名及选举制度，明确提名主体资格、提名及审核程序、选举办法等内容。

第二十七条 单独或者合计持有银行保险机构有表决权股份总数百分之三以上的股东、董事会提名委员会有权提出非独立董事候选人。

同一股东及其关联方提名的董事原则上不得超过董事会成员总数的三分之一。国家另有规定的除外。

董事会提名委员会应当避免受股东影响，独立、审慎地行使董事提名权。

第二十八条 董事每届任期不得超过三年，任期届满，可以连选连任。

第二十九条 董事在任期届满前提出辞职的，应当向董事会提交书面辞职报告。

因董事辞职导致董事会人数低于公司法规定的最低人数或公司章程规定人数的三分之二时，在新的董事就任前，提出辞职的董事应当继续履行职责。正在进行重大风险处置的银行保险机构董事，未经监管机构批准不得辞职。

除前款所列情形外，董事辞职自辞职报告送达董事会时生效。

因董事被股东大会罢免、死亡、独立董事丧失独立性辞职，或者存在其他不能履行董事职责的情况，导致董事会人数低于公司法规定的最低人数或董事会表决所需最低人数时，董事会职权应当由股东大会行使，直至董事会人数符合要求。

第三十条 董事任期届满，或董事会人数低于公司法规定的最低人数或公司章程规定人数的三分之二时，银行保险机构应当及时启动董事选举程序，召开股东大会选举董事。

第三十一条 银行保险机构董事履行如下职责或义务：

（一）持续关注公司经营管理状况，有权要求高级管理层全面、及时、准确地提供反映公司经营管理情况的相关资料或就有关问题作出说明；

（二）按时参加董事会会议，对董事会审议事项进行充分审查，独立、专业、客观地发表意见，在审慎判断的基础上独立作出表决；

（三）对董事会决议承担责任；

（四）对高级管理层执行股东大会、董事会决议情况进行监督；

（五）积极参加公司和监管机构等组织的培训，了解董事的权利和义务，熟悉有关法律法规及监管规定，持续具备履行职责所需的专业知识和能力；

（六）在履行职责时，对公司和全体股东负责，公平对待所有股东；

（七）执行高标准的职业道德准则，并考虑利益相关者的合法权益；

（八）对公司负有忠实、勤勉义务，尽职、审慎履行职责，并保证有足够的时间和精力履职；

（九）遵守法律法规、监管规定和公司章程。

第三十二条 董事应当每年至少亲自出席三分之二以上的董事会现场会议；因故不能亲自出席的，可以书面委托其他董事代为出席，但独立董事不得委托非独立董事代为出席。

一名董事原则上最多接受两名未亲自出席会议董事的委托。在审议关联交易事项时，非关联董事不得委托关联董事代为出席。

第二节 独立董事

第三十三条 独立董事是指在所任职的银行保险机构不担任除董事以外的其他职务，并与银行保险机构及其股东、实际控制人不存在可能影响其对公司事务进行独立、客观判断关系的董事。

第三十四条 银行保险机构应当建立独立董事制度，独立董事人数原则上不低于董事会成员总数三分之一。

第三十五条 单独或者合计持有银行保险机构有表决权股份总数百分之一以上股东、董事会提名委员会、监事会可以提出独立董事候选人。已经提名非独立董事的股东及其关联方不得再提名独立董事。

第三十六条 独立董事在一家银行保险机构累计任职不得超过六年。

第三十七条 独立董事应当保证有足够的时间和精力有效履行职

责，一名自然人最多同时在五家境内外企业担任独立董事。同时在银行保险机构担任独立董事的，相关机构应当不具有关联关系，不存在利益冲突。

一名自然人不得在超过两家商业银行同时担任独立董事，不得同时在经营同类业务的保险机构担任独立董事。

第三十八条 独立董事辞职导致董事会中独立董事人数占比少于三分之一的，在新的独立董事就任前，该独立董事应当继续履职，因丧失独立性而辞职和被罢免的除外。

第三十九条 独立董事应当对股东大会或者董事会审议事项发表客观、公正的独立意见，尤其应当就以下事项向股东大会或董事会发表意见：

（一）重大关联交易；

（二）董事的提名、任免以及高级管理人员的聘任和解聘；

（三）董事和高级管理人员的薪酬；

（四）利润分配方案；

（五）聘用或解聘为公司财务报告进行定期法定审计的会计师事务所；

（六）其他可能对银行保险机构、中小股东、金融消费者合法权益产生重大影响的事项；

（七）法律法规、监管规定或者公司章程规定的其他事项。

第四十条 独立董事享有与其他董事同等的知情权，银行保险机构应当保障独立董事的知情权，及时完整地向独立董事提供参与决策的必要信息，并为独立董事履职提供必需的工作条件。

第四十一条 独立董事应当诚信、独立、勤勉履行职责，切实维护银行保险机构、中小股东和金融消费者的合法权益，不受股东、实际控制人、高级管理层或者其他与银行保险机构存在重大利害关系的单位或者个人的影响。

银行保险机构出现公司治理机制重大缺陷或公司治理机制失灵的，独立董事应当及时将有关情况向监管机构报告。独立董事除按照规定向监管机构报告有关情况外，应当保守银行保险机构秘密。

第四十二条 独立董事连续三次未亲自出席董事会会议的，视为不履行职责，银行保险机构应当在三个月内召开股东大会罢免其职务并选举新的独立董事。

第四十三条 银行保险机构独立董事可以推选一名独立董事，负责召集由独立董事参加的专门会议，研究履职相关问题。

第三节 董事会

第四十四条 董事会对股东大会负责，董事会职权由公司章程根据法律法规、监管规定和公司情况明确规定。

除公司法规定的职权外，银行保险机构董事会职权至少应当包括：

（一）制订公司增加或者减少注册资本、发行债券或者其他证券及上市的方案；

（二）制订公司重大收购、收购本公司股份或者合并、分立、解散及变更公司形式的方案；

（三）按照监管规定，聘任或者解聘高级管理人员，并决定其报酬、奖惩事项，监督高级管理层履行职责；

（四）依照法律法规、监管规定及公司章程，审议批准公司对外投资、资产购置、资产处置与核销、资产抵押、关联交易、数据治理等事项；

（五）制定公司发展战略并监督战略实施；

（六）制定公司资本规划，承担资本或偿付能力管理最终责任；

（七）制定公司风险容忍度、风险管理和内部控制政策，承担全面风险管理的最终责任；

（八）负责公司信息披露，并对会计和财务报告的真实性、准确性、完整性和及时性承担最终责任；

（九）定期评估并完善银行保险机构公司治理；

（十）制订章程修改方案，制订股东大会议事规则、董事会议事规则，审议批准董事会专门委员会工作规则；

（十一）提请股东大会聘用或者解聘为公司财务报告进行定期法定审计的会计师事务所；

（十二）维护金融消费者和其他利益相关者合法权益；

（十三）建立银行保险机构与股东特别是主要股东之间利益冲突的识别、审查和管理机制；

（十四）承担股东事务的管理责任；

（十五）公司章程规定的其他职权。

董事会职权由董事会集体行使。公司法规定的董事会职权原则上不得授予董事长、董事、其他机构或个人行使。某些具体决策事项确有必要授权的，应当通过董事会决议的方式依法进行。授权应当一事一授，不得将董事会职权笼统或永久授予其他机构或个人行使。

第四十五条 银行保险机构董事会应当建立并践行高标准的职业道德准则。职业道德准则应当符合公司长远利益，有助于提升公司的可信度与社会声誉，能够为各治理主体间存在利益冲突时提供判断标准。

第四十六条 银行保险机构董事会由执行董事、非执行董事（含独立董事）组成。

执行董事是指在银行保险机构除担任董事外，还承担高级管理人员职责的董事。

非执行董事是指在银行保险机构不担任除董事外的其他职务，且不承担高级管理人员职责的董事。

第四十七条 银行保险机构董事会人数至少为五人。

银行保险机构应当在公司章程中明确规定董事会构成，包括执行董事、非执行董事（含独立董事）的人数。董事会人数应当具体、确定。

第四十八条 董事会设董事长一人，可以设副董事长。董事长和副董事长由全体董事过半数选举产生。

第四十九条 董事会会议分为定期会议和临时会议。定期会议每年度至少召开四次，每次会议应当至少于会议召开十日前通知全体董事和监事。

有下列情形之一的，银行保险机构应当召开董事会临时会议：

（一）代表十分之一以上表决权的股东提议时；

（二）三分之一以上董事提议时；

（三）两名以上独立董事提议时；

（四）监事会提议时；

（五）董事长认为有必要的。

银行保险机构应当制定董事会议事规则。董事会议事规则应当由董事会制订，股东大会批准。

第五十条 董事会会议应有过半数的董事出席方可举行。

董事会决议可以采用现场会议表决和书面传签表决两种方式作出。

董事会表决实行一人一票。董事会作出决议，必须经全体董事过半数通过。

利润分配方案、薪酬方案、重大投资、重大资产处置方案、聘任或解聘高级管理人员、资本补充方案等重大事项不得采取书面传签方式表决，并且应当由三分之二以上董事表决通过。

第五十一条 董事会应当将现场会议所议事项的决定作成会议记录，出席会议的董事应当在会议记录上签名。董事对会议记录有不同意见的，可以在签字时附加说明。会议记录保存期限为永久。

银行保险机构应当采取录音、录像等方式记录董事会现场会议情况。

第五十二条 银行保险机构应当及时将监管机构对公司的监管意见及公司整改情况向董事、董事会、监事、监事会通报。

第五十三条 银行保险机构应当设立董事会秘书。董事会秘书由董事长提名，董事会聘任和解聘，对董事会负责。

第五十四条 银行保险机构董事会负责制定发展战略。

发展战略应当具备科学性、合理性和稳健性，明确市场定位和发展目标，体现差异化和特色化。

第四节 董事会专门委员会

第五十五条 银行保险机构董事会应当根据法律法规、监管规定和公司情况，单独或合并设立专门委员会，如战略、审计、提名、薪酬、关联交易控制、风险管理、消费者权益保护等专门委员会。

保险公司董事会应当根据监管规定设立资产负债管理委员会。

第五十六条 专门委员会成员由董事组成，应当具备与专门委员会职责相适应的专业知识或工作经验。

审计、提名、薪酬、风险管理、关联交易控制委员会中独立董事占比原则上不低于三分之一，审计、提名、薪酬、关联交易控制委员会应由独立董事担任主任委员或负责人。

审计委员会成员应当具备财务、审计、会计或法律等某一方面的专业知识和工作经验。

第五十七条 董事会专门委员会议事规则和工作程序由董事会制定。各专门委员会可以制定年度工作计划并定期召开会议。

第五章 监事与监事会

第一节 监 事

第五十八条 银行保险机构监事为自然人，由股东大会或职工民主选举产生、罢免。

董事、高级管理人员不得兼任监事。

第五十九条 监事每届任期不得超过三年，任期届满，可以连选连任。外部监事在一家银行保险机构累计任职不得超过六年。

第六十条 银行保险机构应当在公司章程中规定监事的提名及选举制度，明确提名主体资格、提名及审核程序、选举办法等内容。

第六十一条 非职工监事由股东或监事会提名，职工监事由监事会、银行保险机构工会提名。

已经提名董事的股东及其关联方不得再提名监事，国家另有规定的从其规定。

第六十二条 监事任期届满未及时改选，或者监事在任期内辞职导致监事会成员低于法定人数的，在改选出的监事就任前，原监事仍应当依照法律法规和公司章程的规定，继续履行监事职责。

第六十三条 银行保险机构监事履行如下职责或义务：

（一）可以列席董事会会议，并对董事会决议事项提出质询或者建议；

（二）按时参加监事会会议，对监事会决议事项进行充分审查，独立、专业、客观发表意见，在审慎判断的基础上独立作出表决；

（三）对监事会决议承担责任；

（四）积极参加公司和监管机构等组织的培训，了解监事的权利和义务，熟悉有关法律法规，持续具备履行职责所需的专业知识和能力；

（五）对公司负有忠实、勤勉义务，尽职、审慎履行职责，并保证有足够的时间和精力履职；

（六）监事应当积极参加监事会组织的监督检查活动，有权依法进行独立调查、取证，实事求是提出问题和监督意见。

（七）遵守法律法规、监管规定和公司章程。

第六十四条 监事应当每年至少亲自出席三分之二以上的监事会现场会议，因故不能亲自出席的，可以书面委托其他监事代为出席。

第二节　监事会

第六十五条　监事会对股东大会负责，监事会职权由公司章程根据法律法规、监管规定和公司情况明确规定。

监事会除依据公司法等法律法规和公司章程履行职责外，还应当重点关注以下事项：

（一）监督董事会确立稳健的经营理念、价值准则和制定符合公司情况的发展战略；

（二）对公司发展战略的科学性、合理性和稳健性进行评估，形成评估报告；

（三）对公司经营决策、风险管理和内部控制等进行监督检查并督促整改；

（四）对董事的选聘程序进行监督；

（五）对公司薪酬管理制度实施情况及高级管理人员薪酬方案的科学性、合理性进行监督；

（六）法律法规、监管规定和公司章程规定的其他事项。

第六十六条　银行保险机构监事会由股东监事、外部监事和职工监事组成。

外部监事是指在银行保险机构不担任除监事以外的其他职务，并且与银行保险机构及其股东、实际控制人不存在可能影响其独立客观判断关系的监事。

第六十七条　银行保险机构监事会成员不得少于三人，其中职工监事的比例不得低于三分之一，外部监事的比例不得低于三分之一。

银行保险机构应当在公司章程中明确规定监事会构成，包括股权监事、外部监事、职工监事的人数。监事会人数应当具体、确定。

第六十八条　监事会设主席一人，可以设副主席。监事会主席和副主席由全体监事过半数选举产生。

第六十九条 银行保险机构可以根据本公司情况，在监事会设立提名委员会、监督委员会等专门委员会。

第七十条 监事会会议每年度至少召开 4 次，监事可以提议召开监事会临时会议。

监事会决议可以采用现场会议表决和书面传签表决两种方式作出。

监事会作出决议，必须经全体监事过半数通过。

银行保险机构应当制定监事会议事规则。监事会议事规则应当由监事会制订，股东大会批准。

第七十一条 监事会应当将现场会议所议事项的决定作成会议记录，出席会议的监事应当在会议记录上签名。会议记录保存期限为永久。

第六章 高级管理层

第七十二条 银行保险机构应当根据法律法规、监管规定和公司情况，在公司章程中明确高级管理人员范围、高级管理层职责，清晰界定董事会与高级管理层之间的关系。

第七十三条 高级管理层对董事会负责，同时接受监事会监督，应当按照董事会、监事会要求，及时、准确、完整地报告公司经营管理情况，提供有关资料。

高级管理层根据公司章程及董事会授权开展经营管理活动，应当积极执行股东大会决议及董事会决议。

高级管理层依法在其职权范围内的经营管理活动不受股东和董事会不当干预。

第七十四条 银行保险机构应当严格依照有关法律法规、监管规定和公司章程，选聘高级管理人员。

鼓励银行保险机构采用市场化选聘机制，以公开、透明的方式选聘高级管理人员，持续提升高级管理人员的专业素养和业务水平。

银行保险机构的控股股东、实际控制人及其关联方不得干预高级管理人员的正常选聘程序，不得越过董事会直接任免高级管理人员。

第七十五条 银行保险机构高级管理人员应当遵守法律法规、监管规定和公司章程，具备良好的职业操守，遵守高标准的职业道德准则，对公司负有忠实、勤勉义务，善意、尽职、审慎履行职责，并保证有足够的时间和精力履职，不得怠于履行职责或越权履职。

第七十六条 银行保险机构应当设立行长（总经理）。行长（总经理）对董事会负责，由董事会决定聘任或解聘。银行保险机构董事长不得兼任行长（总经理）。

银行保险机构应当根据法律法规、监管规定和公司情况，在公司章程中明确行长（总经理）职权。

第七十七条 银行保险机构董事会应当建立并执行高级管理层履职问责制度，明确对失职和不当履职行为追究责任的具体方式。

第七章 利益相关者与社会责任

第七十八条 银行保险机构应当尊重金融消费者、员工、供应商、债权人、社区等利益相关者的合法权益，与利益相关者建立沟通交流机制，保障利益相关者能够定期、及时、充分地获得与其权益相关的可靠信息。

银行保险机构应当为维护利益相关者合法权益提供必要的条件，当权益受到损害时，利益相关者有机会和途径依法获得救济。

第七十九条 银行保险机构应当加强员工权益保护，保障员工享有平等的晋升发展环境，为职工代表大会、工会依法履行职责提供必要条件。

银行保险机构应当积极鼓励、支持员工参与公司治理，鼓励员工通过合法渠道对有关违法、违规和违反职业道德准则的行为向董事会、监事会或监管机构报告。

第八十条 银行保险机构应当强化金融消费者权益保护，建立并完善消费者权益保护工作机制、决策机制和监督机制。

第八十一条 银行保险机构应当树立高质量发展的愿景，推行诚实守信、开拓创新的企业文化，树立稳健合规的经营理念，遵守公平、安全、有序的行业竞争秩序。

第八十二条 银行保险机构应当贯彻创新、协调、绿色、开放、共享的发展理念，注重环境保护，积极履行社会责任，维护良好的社会声誉，营造和谐的社会关系。

银行保险机构应当定期向公众披露社会责任报告。

第八章 激励约束机制

第八十三条 银行保险机构应当建立与发展战略、风险管理、整体效益、岗位职责、社会责任、企业文化相适应的科学合理的薪酬管理机制。

第八十四条 银行保险机构应当按照收益与风险兼顾、长期与短期激励并重的原则，建立指标科学完备、流程清晰规范的绩效考核机制。

银行保险机构绩效考核指标应当包括合规经营指标、风险管理指标、经济效益指标和社会责任指标等，且合规经营指标和风险管理指标权重应当高于其他指标。

第八十五条 银行保险机构应当建立绩效薪酬延期支付和追索扣回制度。

银行保险机构执行董事、高级管理人员和关键岗位人员绩效薪酬应当实行延期支付。

前款所称“关键岗位人员”，是指对银行保险机构经营风险有直接或重要影响的人员。

银行保险机构应当在薪酬管理制度中明确关键岗位人员范围。

银行保险机构发生风险损失超常暴露的，应当按照绩效薪酬追索扣回制度的相关规定，停止支付有关责任人员绩效薪酬未支付部分，并将对应期限内已发放的绩效薪酬追回。关于追索、扣回的规定同样适用于离职人员和退休人员。

第八十六条 银行保险机构绩效薪酬支付期限应当充分考虑相应业务的风险持续时期，且不得少于三年，并定期根据业绩实现和风险变化情况对延期支付制度进行调整。

第八十七条 银行保险机构可以根据国家有关规定，建立市场化的中长期激励机制，不断优化薪酬结构。

鼓励银行保险机构依法合规探索多种非物质激励方式。

第八十八条 银行保险机构薪酬管理及中长期激励约束机制应当兼顾业务人员与党务、风险管理、合规管理、内部审计等管理、监督人员。

银行保险机构内部审计、内控合规和风险管理部门员工的薪酬应独立于业务条线，且薪酬水平应得到适当保证，以确保能够吸引与其职责相匹配的专业人员。

第八十九条 银行保险机构应当制定董事、监事薪酬制度，明确董事、监事的薪酬或津贴标准，经股东大会审议通过后实施。

第九十条 银行保险机构应当建立健全董事、监事及高级管理人员履职评价制度，对董事、监事、高级管理人员开展履职评价。

第九章　信息披露

第九十一条 银行保险机构应当按照法律法规和监管规定，披露公司重要信息，包括财务状况、重大风险信息和公司治理信息等。

前款所称“重要信息”，是指如果发生遗漏或虚假陈述，将对信息使用者决策产生重大影响的信息。

银行保险机构披露的信息应当真实、准确、完整、及时，简明清晰，通俗易懂，不得有虚假记载、误导性陈述或重大遗漏。

第九十二条 银行保险机构应当按照法律法规和监管规定，在年度信息披露报告中披露公司基本信息、财务会计报告、风险管理信息、公司治理信息、重大事项信息等。银行保险机构半年度、季度信息披露应当参照年度信息披露要求披露。

公司治理信息主要包括：

（一）实际控制人及其控制本公司情况的简要说明；

（二）持股比例在百分之五以上的股东及其持股变化情况；

（三）股东大会职责、主要决议，至少包括会议召开时间、地点、出席情况、主要议题以及表决情况等；

（四）董事会职责、人员构成及其工作情况，董事简历，包括董事兼职情况；

（五）独立董事工作情况；

（六）监事会职责、人员构成及其工作情况，监事简历，包括监事兼职情况；

（七）外部监事工作情况；

（八）高级管理层构成、职责、人员简历；

（九）薪酬制度及当年董事、监事和高级管理人员薪酬；

（十）公司部门设置情况和分支机构设置情况；

（十一）银行保险机构对本公司治理情况的整体评价；

（十二）外部审计机构出具的审计报告全文；

（十三）监管机构规定的其他信息。

第九十三条 银行保险机构公司治理方面发生下列重大事项的，应当编制临时信息披露报告，披露相关信息并作出简要说明：

（一）控股股东或者实际控制人发生变更；

（二）更换董事长或者行长（总经理）；

（三）当年董事会累计变更人数超过董事会成员总数的三分之一；

（四）公司名称、注册资本、公司住所或者主要营业场所发生变更；

（五）经营范围发生变化；

（六）公司合并、分立、解散或者申请破产；

（七）撤销一级分行（省级分公司）；

（八）对被投资企业实施控制的重大股权投资；

（九）公司或者董事长、行长（总经理）受到刑事处罚；

（十）公司或者一级分行（省级分公司）受到监管机构行政处罚；

（十一）更换或者提前解聘为公司财务报告进行定期法定审计的会计师事务所；

（十二）监管机构要求披露的其他信息。

第九十四条 银行保险机构应当建立公司网站，按照监管规定披露相关信息。

银行保险机构年度信息披露报告应当于每年四月三十日前在公司网站发布。临时信息披露报告应当自事项发生之日起十个工作日内在公司网站发布。

银行保险机构网站应当保留最近五年的年度信息披露报告和临时信息披露报告。

第九十五条 银行保险机构应当建立信息披露管理制度。信息披露管理制度应当包括下列内容：

（一）信息披露的内容和基本格式；

（二）信息的审核和发布流程；

（三）信息披露的豁免及其审核流程；

（四）信息披露事务的职责分工、承办部门和评价制度；

（五）责任追究制度。

第九十六条 银行保险机构董事会负责本机构信息披露，董事会秘书负责组织和协调公司信息披露事务。

第十章 风险管理与内部控制

第一节 风险管理

第九十七条 银行保险机构应当按照监管规定，建立覆盖所有业务流程和操作环节，并与本公司风险状况相匹配的全面风险管理体系。

第九十八条 银行保险机构董事会承担全面风险管理的最终责任。

第九十九条 银行保险机构应当设立首席风险官或指定一名高级管理人员担任风险责任人。

首席风险官或风险责任人应当保持充分的独立性，不得同时负责与风险管理有利益冲突的工作。

第一百条 银行保险机构应当设立独立的风险管理部门负责全面风险管理。

银行保险机构应当在人员数量和资质、薪酬和其他激励政策、信息系统访问权限、专门的信息系统建设以及内部信息渠道等方面给予风险管理部门足够的支持。

第一百零一条 银行保险机构应当及时向监管机构报告本公司发生的重大风险事件。

第二节 内部控制

第一百零二条 银行保险机构应当建立健全内部控制体系，明确内部控制职责，完善内部控制措施，强化内部控制保障，持续开展内部控制评价和监督。

第一百零三条 银行保险机构董事会应当持续关注本公司内部控制状况，建立良好的内部控制文化，对公司内部控制的健全性、合理性和有效性进行定期研究和评价。

第一百零四条 银行保险机构应当建立健全内部控制制度体系，对各项业务活动和管理活动制定全面、系统、规范的制度，并定期进行评估。

第一百零五条 银行保险机构应当建立健全贯穿各级机构、覆盖所有业务和全部流程的信息系统，及时、准确记录经营管理信息，确保信息的完整、连续、准确和可追溯。

第三节 内外部审计

第一百零六条 银行保险机构应当按照法律法规和监管规定，建立健全内部审计体系，开展内部审计工作，及时发现问题，有效防范经营风险，促进公司稳健发展。

第一百零七条 银行保险机构应当建立与公司目标、治理结构、管控模式、业务性质和规模相适应的内部审计体系，实行内部审计集中化管理或垂直管理，内部审计工作应独立于业务经营、风险管理和内控合规。

第一百零八条 银行保险机构董事会对内部审计体系的建立、运行与维护，以及内部审计的独立性和有效性承担最终责任。

银行保险机构监事会对内部审计工作进行指导和监督，有权要求董事会和高级管理层提供审计方面的相关信息。

第一百零九条 银行保险机构应当按照有关监管规定，设立首席审计官或审计责任人。首席审计官或审计责任人对董事会负责，由董事会聘任和解聘，定期向董事会及其审计委员会报告工作。

第一百一十条 银行保险机构应当设立独立的内部审计部门，负责开展内部审计相关工作。内部审计部门向首席审计官或审计责任人负责并报告工作。

银行保险机构应当按照有关监管规定，配备充足的内部审计人员。内部审计人员应当具备履行内部审计职责所需的专业知识、职业技能和实践经验。

第一百一十一条 银行保险机构应当聘请独立、专业、具备相应资质的外部审计机构进行财务审计，并对公司内部控制情况进行定期评估。

第一百一十二条 外部审计机构应当独立、客观、公正、审慎地履行审计职责。

外部审计机构对财务会计报告出具非标准审计报告的，银行保险机构董事会应当对该审计意见及涉及事项作出专项说明并公开披露。

第一百一十三条 银行保险机构应当将外部审计报告及审计机构对公司内部控制有效性的审计意见及时报送监管机构。

第十一章 附 则

第一百一十四条 本准则所称“商业银行、保险公司”“银行保险机构”，是指股份有限公司形式的国有大型商业银行、全国性股份制商业银行、城市商业银行、民营银行、农村商业银行、外资银行、保险集团（控股）公司、财产保险公司、再保险公司、人身保险公司。

本准则所称“主要股东”，是指持有或控制银行保险机构百分之五以上股份或表决权，或持有资本总额或股份总额不足百分之五但对银行保险机构经营管理有重大影响的股东。

前款所称“重大影响”，包括但不限于向银行保险机构提名或派出董事、监事或高级管理人员，通过协议或其他方式影响银行保险机构的财务和经营管理决策以及监管机构认定的其他情形。

本准则所称“控股股东”，是指其持有的股份占公司股本总额百分之五十以上的股东，或持有股份虽然不足百分之五十，但依其股份所享有的表决权已足以对股东大会的决议产生重大影响的股东。

本准则所称“实际控制人”，是指虽不是公司的股东，但通过投资关系、协议或者其他安排，能够实际支配公司行为的人。

本准则所称“关联方”，是指根据监管机构关于关联交易的监管规定，被认定为具有关联关系的法人或自然人。国家控股的企业之间不因为同受国家控股而具有关联关系。

本准则所称“一致行动人”，是指通过协议、其他安排，与该投资者共同扩大其所能够支配的一个公司股份表决权数量的行为或者事实，达成一致行动的相关投资者。

本准则所称“最终受益人”，是指实际享有银行保险机构股权收益的人。

本准则所称“高级管理人员”，是指在银行保险机构高级管理人员任职资格监管制度范围内的，在总行（总公司）任职的人员。

本准则所称“监管机构”，是指中国银保监会及其派出机构。

本准则所称“公司治理机制失灵”的情形，包括但不限于：董事会连续一年以上无法产生；公司董事之间长期冲突，董事会无法作出有效决议，且无法通过股东大会解决；公司连续一年以上无法召开股东大会；股东大会表决时无法达到法定或者公司章程规定的比例，连续一年以上不能作出有效的股东大会决议；因资本充足率或偿付能力不足进行增资的提案无法通过；公司现有治理机制无法正常运转导致公司经营管理发生严重困难；监管机构认定的其他情形。

本准则所称“现场会议”，是指通过现场、视频、电话等能够保证参会人员即时交流讨论方式召开的会议。

本准则所称“书面传签”，是指通过分别送达审议或传阅送达审议方式对议案作出决议的会议方式。

本准则所称“以上”均含本数，“低于”“少于”“超过”不含本数。

第一百一十五条 公司组织形式为有限责任公司的银行保险机构，参照适用本准则，公司法等法律法规及监管制度另有规定的从其规定。

除银行保险机构外，中国银保监会负责监管的其他金融机构参照适用本准则，法律法规及监管制度另有规定的从其规定。

相互保险社、自保公司可以结合机构自身的特殊性，参照适用本准则，法律法规及监管制度另有规定的从其规定。

独资银行保险机构可以不适用本准则关于董事长、副董事长、董事（包括独立董事）提名和选举、监事提名选举、监事会人数及构成、监事会主席等相关规定。

法律法规及监管制度对外资银行保险机构另有规定的从其规定。

第一百一十六条 本准则由中国银保监会负责解释。

第一百一十七条 本准则自发布之日起施行。《商业银行公司治理指引》（银监发〔2013〕34 号）、《关于规范保险公司治理结构的指导意见（试行）》（保监发〔2006〕2 号）同时废止。

本准则施行前中国银保监会、原中国银行业监督管理委员会、原中国保险监督管理委员会发布的其他监管规定与本准则相冲突的，以本准则为准。

解读——《银行保险机构公司治理准则》

中国银保监会有关部门负责人

为推动银行保险机构提高公司治理质效，促进银行保险机构科学健康发展，2021年6月2日，中国银保监会印发《银行保险机构公司治理准则》（以下简称《准则》）。中国银保监会有关部门负责人就相关问题进行了解读。

一、制定《准则》的背景

良好的公司治理是银行保险机构健康稳健发展的基础。近年来，银保监会高度重视银行保险机构公司治理的改革和监管，坚持将健全公司治理作为推动银行保险机构强化风险防控，实现高质量发展的重要着力点。2020年，中国银保监会发布了《健全银行业保险业公司治理三年行动方案（2020—2022年）》，将制定《准则》作为公司治理监管的一项基础性工作。《准则》是银行业保险业共同遵循的公司治理纲领性监管制度。《准则》的制定发布是银保监会贯彻落实中央经济工作会议精神的重要举措，有利于健全银行保险机构公司治理机制，进一步提升公司治理的科学性和有效性，推动银行业保险业实现更高质量发展，促进金融更好服务构建新发展格局。

二、《准则》的主要适用对象

《准则》适用于中华人民共和国境内依法设立的股份有限公司形式的商业银行、保险公司，包括国有大型商业银行、全国性股份制商业银行、城市商业银行、民营银行、农村商业银行、外资银行、保险集团（控股）公司、财产保险公司、再保险公司、人身保险公司。公司组织形式为有限责任公司的银行保险机构及中国银保监会负责监管的其他金融机构参照适用。

三、《准则》的主要内容

《准则》共11章117条，包括总则、党的领导、股东与股东大会、董事与董事会、监事与监事会、高级管理层、利益相关者与社会责任、激励约束机制、信息披露、风险管理与内部控制、附则。《准则》明确了各治理主体的职责，强化了治理机制运行的规范性，重点包括：明确股东的权利义务、股东大会的职权、股东大会会议及表决等相关规则；强调董事特别是独立董事的选任、职责及履职保障，明确董事会及其专门委员会的组成、职权及会议表决等要求；规范监事选任履职及监事会、高管层的设置和运行；要求银行保险机构完善激励约束机制，健全信息披露制度与机制，加强风险管理与内部控制及内外部审计。

四、《准则》在加强党的领导方面的要求

党的领导是做好一切金融工作的根本保证，是中国特色银行业保险业公司治理的本质特征。《准则》单设一章，首次将党的领导与公司治理有机融合的要求正式写入银行业保险业监管制度。《准则》要求国有银行保险机构应当按照有关规定，将党的领导融入公司治理各个环节，包括将党建工作要求写入公司章程、坚持和完善“双向进入、交叉任职”的领导体制、重大经营管理事项经党委会前置研究、持续健全党委领导下的民主管理制度等。同时，明确民营银行保险机构的党组织要积极发挥政治核心作用，加强政治引领，宣传贯彻党的路线方针政策，团结凝聚职工群众，维护各方合法权益。

五、《准则》在借鉴国际做法方面的体现

《准则》吸收借鉴了《二十国集团/经合组织公司治理原则》的一些良好做法，主要有以下五个方面：一是银行保险机构应当在公司与股东之间建立畅通有效的沟通机制，保障股东特别是中小股东对公司重大事项的知情、参与决策和监督等权利；二是要求董事公平对待所有股东，重点强化提升董事履职独立性、客观性的要求；三是明确董事会应当建立并执行高标准的职业道德准则；四是注意保护利益相关者合法权益，当利益相关者权益受到损害时，应有可行的救济机制；五是鼓励支持员工参与公司治理。

六、《准则》对银行保险机构公司治理实施差异化监管方面的体现

《准则》在为银行业保险业提供共同遵循的公司治理基础制度的同时，充分考虑了不同类型银行保险机构的差异性，为实施差异化监管预留了空间。从机构组织形式看，《准则》适用于股份有限公司形式的商业银行、保险公司，有限责任公司形式的银行保险机构以及银保监会监管的其他金融机构参照适用。从条文内容看，在条款设计上，针对行业特点予以区分，有的条款仅适用于商业银行，例如，商业银行股东授信逾期的，应限制其相关股东权利；有的条款仅适用于保险公司，例如，保险公司董事会应当根据监管要求设立资产负债管理委员会。从监管导向看，《准则》第七条设专门条款规定：监管机构可以根据银行保险机构的不同类型及特点，对其公司治理开展差异化监管。下一步，银保监会还将推动针对不同类型银行保险机构制定差异化监管的有关细则，进一步提升银行保险机构公司治理水平。

七、《准则》在独立董事、外部监事的规则设计上的亮点

《准则》设置了专门章节规范独立董事履职及保障机制，并突出强调了独立董事的独立性、专业性要求。例如，已经提名非独立董事的股东及其关联人不得再提名独立董事；为保障独立董事有足够时间和精力有效履行职责，明确一名自然人最多同时在五家境内外企业担任独立董事；独立董事因故不能亲自出席董事会的，不能委托非独立董事代为出席；对独立董事在一家银行保险机构累计任职时间进行了限定，以避免因任职时间过长影响其独立性。《准则》借鉴国际公司治理良好实践，创新了独立董事会议机制，银行保险机构独立董事可以推选一名独立董事，负责召集由独立董事参加的专门会议，研究履职相关问题。在外部监事相关规则上，《准则》明确了外部监事的定义，并明确银行保险机构监事会成员中，外部监事的比例不得低于三分之一，以更好地发挥外部监事的作用。

八、《准则》在提升银行保险机构透明度方面的举措

为提高银行保险机构公司治理透明度，强化外部市场约束，《准则》设专章规定了信息披露。一方面，明确强调了定期报告中需要披露的公司治理信息；另一方面，要求发生《准则》规定的重大事项时，银行保险机构应当在十个工作日内在公司网站发布临时报告。《准则》还对建立信息披露管理制度所应涵盖的内容进行了规范。

（来源：中国银保监会网站）

地方司法业务文件与解读

北京破产法庭
关于降低办理破产成本的工作办法（试行）

（2021 年 6 月 4 日）

为有效控制办理破产费用，降低程序成本，切实提高债权回收率，根据《中华人民共和国企业破产法》《最高人民法院关于推进破产案件依法高效审理的意见》等相关规定，结合北京破产审判实际，制定本办法。

1. 本办法所称办理破产成本，是指破产程序中必须支付的费用。包括破产案件受理费、通知和公告费、管理人报酬、律师费、拍卖费、政府税费、评估费、审计费等其他所有费用和成本。

2. 办理破产案件应当坚持市场化、法治化原则，充分运用信息化手段，节约办理费用，兼顾各方利益，提高债权回收率。鼓励债务人和利害关系人对符合破产条件的企业及时申请启动破产程序，避免企业财产减损或破产成本不当增加，损害债权人利益。

3. 破产案件采取网上预约立案方式，债务人、债权人和负有清算责任的人可以通过全国企业破产重整案件信息网提出破产预约立案的申请，办理相关立案手续。

4. 人民法院审查破产申请时，可以采取线上谈话或线上召开听证会方式。

5. 经受送达人同意，人民法院可以通过电子邮件、移动通信等能够确认其收悉的线上方式送达申请书、通知书、证据材料等相关文件。

6. 人民法院、管理人应当通过全国企业破产重整案件信息网发布受理申请、召开债权人会议、宣告破产、终结程序等各类公告，可以不再通过纸媒发布，节省通知公告费用。

7. 管理人接受人民法院指定后，应勤勉履职，积极推进破产程序，加快办理债权审查、财产处置等事项，通过提升效率节约成本。

人民法院将管理人在履职中合理节约成本情况纳入对管理人的个案考评事项中。

8. 管理人接管债务人企业后，应当全面调查财产并登记在册，根据财产的不同属性及时制定相应保管、变价方案，对于鲜活、易腐等保管成本过高的财产，管理人报人民法院批准或债权人会议决议后，及时处置。

9. 人民法院裁定受理破产申请后，应及时通过"总对总"网络执行查控系统查询债务人财产信息，并在收到系统反馈后三个工作日内将查询结果书面告知管理人。

人民法院应于破产案件受理后五个工作日内，向管理人书面反馈通过北京法院智汇云系统查询的债务人企业诉讼、执行案件信息，降低管理人调查成本。

10. 管理人可以通过北京市政务服务中心设置的企业破产强制清算信息查询窗口，集中查询企业登记、不动产、车辆、房产交易、员工社保、医保、住房公积金等信息。

11. 管理人聘请社会中介机构或人员处理重大诉讼、仲裁、执行、财务审计或资产评估等专业性较强工作，如所需费用需要列入破产费用的，应当经债权人会议同意。

如聘请本专业领域的其他社会中介机构或人员协助履行管理人工作的，所需费用从管理人报酬中支付。

12. 债权人、管理人可以采取线上方式申报、审查债权，线上申报与其他方式申报债权具有同等法律效力。

13. 债权人会议可以采用线上方式召开。债权人会议决议可以通过书面、传真、短信、电子邮件、即时通信、通讯群组等非现场方式进行表决，网上投票形成的表决结果与现场投票形成的表决结果具有同等法律效力。

14. 人民法院受理重整申请前，利害关系人在预重整和庭外重组中已经达成的有关协议与重整程序中提交债权人会议表决的重整计划草案内容一致，不存在《北京破产法庭破产重整案件办理规范（试行）》第四十七条规定的除外情形的，有关出资人、债权人对该协议的同意视为对重整计划草案的同意，降低庭内外程序衔接成本。

15. 破产申请受理前，执行程序中已经作出资产评估报告或审计报告，且评估结论在有效期内或审计结论满足破产案件需要的，可以在破产程序中继续使用。

评估、审计报告超过有效期，但超过时间不满六个月，或者审计结论虽有保留意见，但原中介机构同意出具补充报告或者作出说明的，管理人认为客观条件未发生重大变化且无其他重大影响报告结果的因素，经债权人会议表决通过，无需重复委托中介机构重新进行评估、审计。

16. 债务人财产处置，应当采用网络拍卖方式。债权人会议决议通过其他方式处置，法律、行政法规规定必须通过其他途径处置，以及债务人财产不适宜通过网络拍卖处置的除外。网络平台不向债务人收取任何网拍佣金。

17. 拟采用网络拍卖债务人财产的，管理人可以采取定向询价、网络询价、管理人估价等方式确定处置参考价供债权人会议参考确定起拍价，节省评估费用。

18. 管理人应当优先采用整体出售方式处置债务人财产，维护企业营运价值，避免因零散出售造成减值、增加处置成本。

19. 企业因重整取得的债务重组收入，依照国家有关规定适用企业所得税税前扣除政策。破产企业可以依照《北京市优化营商环境条例》第七十六条规定，向税务机关申请办理相关减免房产税、城镇土地使用税等事项。

20. 人民法院应当按照《最高人民法院关于审理企业破产案件确定管理人报酬的规定》等规定合理确定或者调整经债权人会议审查后的管理人报酬方案。

21. 当事人提出破产申请后，人民法院不预收案件受理费。破产案件受理费依据债务人财产总额计算，按照《诉讼费用交纳办法》规定的财产案件受理费标准减半交纳，最高不超过 30 万元。对无财产可供分配的破产案件，人民法院免收案件受理费。

22. 本办法自发布之日起试行。

北京市高级人民法院知识产权民事诉讼证据规则指引

（2021 年 4 月 22 日）

为进一步统一裁判标准，促进当事人遵循诚信原则，积极、全面、诚实地提供证据，根据《中华人民共和国民事诉讼法》《最高人民法院关于适用〈中华人民共和国民事诉讼法〉的解释》《最高人民法院关于民事诉讼证据的若干规定》《最高人民法院关于知识产权民事诉讼证据的若干规定》等法律及司法解释的规定，结合知识产权案件的特点，制定本指引。

第一部分 总 则

1.1 证据在对方当事人控制之下，承担举证责任的当事人可以直接依据《最高人民法院关于知识产权民事诉讼证据的若干规定》第二十四条的规定，书面申请责令对方当事人提供，也可以先通过告知或协商的方式，向对方当事人提出提供证据的要求。

对于前款所述提供证据的要求，对方当事人予以配合的，视为对方当事人对相应证据的主动提供。对方当事人拒绝配合且无法协商解决的，承担举证责任的当事人可以依据《最高人民法院关于知识产权民事诉讼证据的若干规定》第二十四条的规定，书面申请责令对方当事人提供。

对通过告知或协商方式提出的证据提供要求拒不配合，且无正当理由的，可以作为认定侵权情节的考虑因素。

1.2 当事人提供的证据不足以反映市场事实或技术事实的真实情况，可能致使事实认定与公众的一般认知相悖，且有公共信息涉及相关事实的，必要时可以依职权调查收集该公共信息。

前款所述公共信息是指能够从公开渠道检索或查询的信息，如生效裁判文书、技术词典等。

1.3 存在以下情形时，对责令对方当事人提供证据的申请不予准许：

（一）现有证据不能证明存在较大侵权可能性；

（二）对方当事人提供证据的负担或成本过高，超过合理限度；

（三）承担举证责任的当事人可以通过更容易或者更经济的方式证明待证事实；

（四）其他不宜责令对方当事人提供证据的情形。

1.4 承担举证责任的当事人申请责令对方当事人提供证据，可能造成对方当事人损失的，可以依对方当事人的请求，责令申请人提供担保。

申请责令对方当事人提供证据错误的，申请人应赔偿对方当事人因提供该证据所遭受的损失。

1.5 当事人依据《最高人民法院关于适用〈中华人民共和国民事诉讼法〉的解释》第九十四条第二款的规定申请调查收集证据，满足准予调查收集证据申请应具备条件，且同时符合以下条件的，可以向当事人的诉讼代理人签发调查令：

（一）当事人的诉讼代理人为执业律师；

（二）调查令足以克服当事人及其诉讼代理人不能自行收集证据的客观原因；

（三）被调查收集的证据不涉及国家秘密、商业秘密、个人隐私等且不存在其他不宜由诉讼代理人持调查令收集的情形。

1.6 调查令应列明以下内容：

（一）持有调查令的律师的姓名、性别、律师执业证编号、律师事务所名称；

（二）被调查人姓名或单位名称；

（三）调查收集证据的名称或范围；

（四）调查令的有效期；

（五）法院印章及签发日期。

1.7 持有调查令的律师应于调查令有效期内，按照调查令载明的证据名称或范围向被调查人调查收集证据。

持有调查令的律师向被调查人调查收集证据时，应同时出示其律师执业证书原件供被调查人核对。

1.8 被调查人对调查令和相关律师身份核对无异后，应按照调查令载明的名称或范围提供证据。

被调查人提供的证据应在持有调查令的律师和被调查人的共同见证下封存，由持有调查令的律师及时、完整的提交法院或由被调查人在合理期间内采用邮寄等方式提交法院。

被调查人因故不能提供证据的，应说明原因。被调查人无正当理由拒不协助调查的，可根据案件情形，对其采取《中华人民共和国民事诉讼法》第一百一十四条、第一百一十五条有关妨害民事诉讼的强制措施。

1.9 调查令原件由持有调查令的律师于调查令有效期届满后三日内交回法院，留卷备查。被调查人因故未能提供证据或者拒不协助调查的，持有调查令的律师应于交回调查令的同时，一并书面说明相关情况。

被调查人可以要求留存调查令复印件。

1.10 当事人通过使用调查令未能达到取证目的的，法院可以根据案件具体情况决定是否通过其他方式调查收集相关证据。

1.11 基于新技术形成的反映案件事实的信息载体，如第三方存证、基于区块链技术形成的证据等，当事人均可以作为证据提供。

对于前款所述证据，应根据证据的形成过程、表现形式、具体内容等，结合新技术的特点，综合判断其所载信息的真实性、可靠性以及与案件的关联性等因素以确定其证据效力。

1.12 形成或者获取证据的方法虽存在一定瑕疵，但同时满足以下条件的，可以根据案件具体情况对相关证据予以确认：

（一）取证方法不影响证据本身真实性；

（二）当事人缺乏其他取证渠道；

（三）不属于《最高人民法院关于适用〈中华人民共和国民事诉讼

法〉的解释》第一百零六条规定的“严重侵害他人合法权益、违反法律禁止性规定或者严重违背公序良俗”情形。

1. 13 一方当事人对于仅涉及自身利益的于己不利的事实明确表示承认的，另一方当事人无需就该事实再行提供证据。

涉及知识产权权利归属、权利有效性、权利保护范围等事实，对方当事人的承认不能免除原告的举证责任。

1. 14 当事人自认的事实存在以下情形的，不予确认：

（一）与查明的事实不符；

（二）与相关公众的一般认知不符；

（三）与一般消费者的惯常认知不符；

（四）与本领域技术人员的惯常认知不符。

1. 15 在证据审查认定中，应考虑证据的审查及采信标准对相关商业习惯的指引作用。

对于在合理成本下明显易于完善其形式而未加完善的证据，可以根据案情提高证据的采信标准。

1. 16 仅从信息载体本身无法直观审查其所载信息真实性的，当事人应一并提供生成该信息载体的技术过程说明。必要时，可以责令当事人提供该技术过程说明所涉及的具体技术资料或文件等证据。

1. 17 当事人提供电子数据证据时，应一并提供生成、存储、传输、提取该电子数据证据的技术过程说明。必要时，可以责令当事人提供该技术过程说明所涉及的具体技术资料或文件。

1. 18 当事人提供电子数据证据，可以采用截图、拍照、录音、录像等方式固定证据内容，并提供记载、存储有证据内容的打印件、照片等传统载体，或光盘、U 盘等电子数据载体。

经公证程序取得电子数据证据的，当事人应一并提供相应公证文书。

电子数据证据的取得未经公证程序，或虽经公证程序但确有必要时，可以要求当事人通过当庭出示原始存储载体、实时登录相关网站或者应用程序等进行勘验。

1.19 第三方电子数据存证平台收集、固定的电子数据，应结合以下因素综合判断其真实性，：

（一）第三方电子数据存证平台经营者的资质和信用状况；

（二）电子数据的数据来源、生成方式、储存方法；

（三）第三方电子数据存证平台采用的技术手段、保全方法对电子数据完整性的影响，授时和守时检测等方面的可信程度；

（四）电子数据的提供形式；

（五）影响电子数据完整性和可靠性的其他因素。

1.20 对当事人提供的即时通讯软件聊天记录的截图打印件，可以结合以下因素判断其真实性：

（一）截图与收发信息的手机或电脑等终端所载原始信息是否一致；

（二）信息收发主体与提供该证据当事人的关联关系。

1.21 原告以涉案权利客体的电子数据作为其具有权利主体身份证明的，应对电子数据的形成时间、涉案权利客体的发表或完成时间、修改或编辑的可能性等情况予以审查。

1.22 对信息网络环境下的电子数据进行公证保全或区块链存证保全的，应从公证文书的制作过程、区块链存证记录的生成过程、网页及其发布时间的形成过程、管理该网页的网站资质和信用状况、公证采用的技术手段、区块链存证的技术环境等方面予以审查。

1.23 经过公证的当事人书面陈述、证人书面证言、其他单位或个人出具的证明文件等文书，公证证明仅涉及上述文书的出具人身份及签章真实或原件与复印件一致，而不涉及文书所载实体内容的，上述文书的证据效力应按照对当事人陈述、证人证言、其他单位或个人出具的证明文件等证据的一般规定予以审查。

1. 24 取得证据的公证程序虽有瑕疵，但不影响所取得证据本身真实性，且公证文书未被撤销的，可以根据案件具体情况确认上述公证证据的证明力。

当事人仅以公证机构跨区域办理公证业务或者申请人与公证事项无利害关系为由主张对公证证据不予采信的，不予支持。

1. 25 无法与原件、原物核对的复制件、复制品一般不能作为认定案件事实的依据，但能够与其他证据相互印证，或通过其他方式足以确认其真实性的除外。

审查复制件、复制品的真实性，应考虑所使用复制技术的保真性，复制技术的保真性足以排除伪造、变造合理怀疑的，则该复制件、复制品可以作为认定案件事实的依据。

1. 26 当事人提供外文书证或者外文说明资料，应附有中文译本。

外文书证仅部分内容与待证事实有关的，可以仅附与该有关部分对应的中文译本；仅附图部分与待证事实有关，无中文译本不影响相关事实查明的，可以不附中文译本。对方当事人能够证明未翻译部分对翻译部分或附图部分的内容有影响的，需提供全文的中文译本。

1. 27 当事人提供的由中立第三方完成的市场调查报告，一般不能单独作为认定案件事实的依据，应结合在案其他证据综合认定其证明力。

对前款所述市场调查报告可以从调查者资质、调查动机、调查对象、调查地域、样本规模、样本分布、抽样方法、问题设计、程序运作、调查形成的时间等方面予以审查。

1. 28 因逾期提供证据，依据《最高人民法院关于适用〈中华人民共和国民事诉讼法〉的解释》第一百零二条的规定对诉讼代理律师予以训诫、罚款的，可以将上述情况向对该律师具有监督指导职能的司法行政部门通报。对于多次因逾期提供证据受到训诫、罚款的，可以建议司法行政部门依据《中华人民共和国律师法》第四十九条第一款第六项的规定予以处罚。

1.29 当事人申请鉴定的事项能够通过现场勘验等其他方法查明的，可以不予准许。

1.30 鉴定机构应仅就查明事实的专门性问题出具鉴定意见，被诉技术方案是否落入涉案专利的保护范围、被诉作品是否与涉案作品构成实质性近似等法律评价问题不属鉴定范围。鉴定意见中包含前述不属鉴定范围内容的，相应内容不具有证据效力。

1.31 原告主张被诉侵权的应用程序由被告经营，可以提供应用程序中标示的著作权归属等信息、应用程序运营者与应用程序所在网络平台签订的协议、应用程序所在网络平台出具的证明等证据。

在无相反证据的情况下，可以推定应用程序的著作权人为运营主体。

1.32 被告依据知识产权部门法的相关规定主张侵权产品或侵权复制品具有合法来源的，应对其合法获取侵权产品或侵权复制品的事实承担举证责任。

证明合法来源的证据应结合被告的经营规模、购买途径、支付对价、举证能力、相关交易习惯及主观注意义务等因素综合审查。

被告能够提供证据证明侵权产品或侵权复制品具有合法来源的，推定其在主观上无过错，但有证据证明被告知道或应当知道侵权事实的除外。

已查明侵权产品或侵权复制品制造者的，提出合法来源抗辩的被告仍应提供其合法获取侵权产品或侵权复制品的证据。

1.33 被告收到著作权权利人、商标权权利人等知识产权权利人发出的侵权警告函，且该警告函中明确记载有相关知识产权、被诉侵权产品或被诉侵权复制品、侵权信息的基本情况、侵权比对结果及联系人等内容的，可以推定被告自收到侵权警告函之日起明知侵权行为存在。但被告提供证据证明其已就侵权警告函中所涉知识产权的权利归属、侵权比对的结论等，在合理期限内明确、详细地向知识产权权利人通过回函等方式提出异议的除外。

1.34 超市、小商品市场等经营场所以其尽到管理责任为由提出免责抗辩的，可以围绕以下事实提供证据：

（一）租赁合同中有不得侵害知识产权或不得销售侵权产品或侵权复制品的约定；

（二）建立了相关防范知识产权侵权风险的管理制度；

（三）接到投诉后及时进行了有效处理；

（四）对商户的日常经营尽到了防范知识产权侵权的管理责任；

（五）尽到管理责任的其他事实。

1.35 电子商务平台经营者以其尽到合理注意义务提出免责抗辩的，可以围绕以下事实提供证据：

（一）网络店铺注册协议中有不得实施侵权行为或不得销售侵权产品或侵权复制品的约定；

（二）网站相应页面有不得实施侵权行为或不得销售侵权产品或侵权复制品的提示；

（三）建立了相关防范知识产权侵权风险的管理制度；

（四）接到投诉后及时进行了有效处理；

（五）尽到合理注意义务的其他事实。

1.36 原告主张被告承担损害赔偿责任的，除提供被告主观存在明知或应知的证据外，还应提供与确定权利人的实际损失、侵权人的违法所得或侵权获利相关的计算方法、计算模型、计算基础因素等证据，并就相关计算方法、计算模型、计算基础因素的合理性等作出详细说明。

当事人可以提供相关权利的可比许可协议作为确定赔偿数额的证据。

当事人主张在法定赔偿最高限额以上或最低限额以下确定赔偿数额的，应根据前述第一款、第二款的规定提供证据证明相关数额明显超过法定赔偿最高限额或者明显低于法定赔偿最低限额。

1.37 原告主张参照权利使用费确定赔偿数额的，应提供证据证明许可使用合同已经实际履行，且该权利使用费与被诉侵权行为具有可比性。

许可使用合同的备案证明、纳税凭证、转账记录、发票等财务凭证等可用以证明合同已经实际履行。

许可使用合同涉及的权利类型、被许可人情况、许可使用的范围、许可使用的时间、是否存在交叉许可等可用以证明权利使用费的可比性。

1.38 原告主张适用法定赔偿计算赔偿数额的，应提供反映权利人实际损失状况、侵权人的违法所得或侵权获利状况、许可使用费状况、侵权行为类型、持续时间及所涉范围、主观过错等方面的证据。

1.39 原告主张适用惩罚性赔偿的，应提供权利人实际损失、侵权人的违法所得或侵权获利、权利使用费、主观故意、侵权情节严重等方面的证据。

1.40 原告主张销毁侵权产品或侵权复制品、主要用于制造侵权产品或侵权复制品的材料、工具、设备等，被告否认上述销毁对象存在的，原告应提供证据证明上述销毁对象的存放地址、数量等事实。

原告因客观原因不能自行收集上述证据的，可以依据《最高人民法院关于适用〈中华人民共和国民事诉讼法〉的解释》第九十四条第二款的规定申请调查取证。

1.41 原告因客观原因仅提供部分证据证明其为制止侵权行为所支付的合理开支的，可以在该部分证据的基础上结合生活经验和逻辑确定合理开支的具体数额。

第二部分 侵害专利权纠纷

2. 1 审理侵害专利权的案件，应围绕以下事实审查原告提供的相应证据：

（一）涉案专利是否处于有效状态；

（二）原告是否系涉案专利的专利权人或利害关系人；

（三）被诉侵权行为是否属于《中华人民共和国专利法》第十一条规定的侵害专利权行为；

（四）被诉侵权行为使用的技术方案是否落入涉案专利相关权利要求的保护范围，或者使用的外观设计是否落入涉案专利的保护范围。

2. 2 原告可以提供专利登记簿副本、专利权著录事项变更记录及当年交纳专利年费的收据等证据证明涉案专利处于有效状态。

2. 3 原告可以提供以下证据证明存在被诉侵权行为：

（一）获取被诉侵权产品过程的公证书及被诉侵权产品；

（二）获取被诉侵权产品的购货合同、与合同对应的发票及流转票据等证据及被诉侵权产品；

（三）获取被诉侵权产品的网络订购信息、网络物流信息等证据及被诉侵权产品；

（四）能够完整显示被诉侵权产品所利用技术方案的照片、视频、网页截图等其他证据。

原告难以通过前款所述方式获取相关证据的，可以根据本指引第一部分的规定申请出具调查令，或申请证据保全、进行现场勘验等。

2. 4 原告主张的涉案专利为涉及产品、设备等技术主题的技术方案的，虽其提供的被诉侵权产品照片、视频、网页截图等证据不能完整显示被告利用的技术方案，但同时满足以下条件的，可以推定被告实施了涉案专利的相关技术方案：

（一）被诉侵权产品的照片、视频、网页截图等证据可以证明存在较大侵权可能性；

（二）原告客观上难以通过其他替代方式取得被诉侵权行为存在的证据；

（三）被告提供相应证据并无客观困难但无正当理由拒不提供。

2.5 被诉侵权产品外包装上标明的制造商、销售商、进口商等可以作为认定被诉侵权产品提供主体的初步证据。

被诉侵权产品上未标明制造商，所标注的注册商标权利人有制造能力，且无证据证明被诉侵权产品另有制造者的，可以推定该注册商标权利人是被诉侵权产品的制造者，但有相反证据的除外。

被告承认被诉侵权产品由其制造、许诺销售、销售或进口的，原告可以免除相关举证责任。

被告可以提供行政机关处罚决定等作为反证，证明被诉侵权行为系他人假冒其名义实施。

2.6 原告主张被告制造被诉侵权产品构成侵害专利权的，应提供证据证明涉案发明或者实用新型专利权利要求中所记载的产品技术方案已被被告实现。

2.7 原告主张被告使用发明或者实用新型专利产品构成侵害专利权的，应提供证据证明被诉侵权产品实际应用了涉案专利技术方案的技术功能或者实现了其技术效果。

2.8 原告主张被告销售被诉侵权产品侵害专利权的，可以围绕以下事实提供证据：

（一）销售被诉侵权产品的买卖合同已依法成立；

（二）被告采用搭售、赠送或以其他方式转让被诉侵权产品的所有权变相获取商业利益；

（三）被告将侵害发明或者实用新型专利权的产品作为零部件或中间产品制造另一产品后，销售该另一产品；

被告存在前款第（三）项情形，但主张不构成销售行为的，应提供证据证明该中间产品在制造过程中物理化学性能发生了实质性变化。

2. 9 原告主张被告实施许诺销售行为的，应提供证据证明被告以广告、在商店橱窗中陈列、在网络或展销会上展出等方式作出销售被诉侵权产品的意思表示。

2. 10 原告主张被告进口专利产品的，应提供证据证明被告存在将落入涉案专利权利要求保护范围的产品、依照涉案专利方法直接获得的产品或者含有涉案外观设计专利的产品在空间上从境外越过边界运进境内的行为。

2. 11 原告主张被告使用专利方法构成侵害专利权的，应提供证据证明涉案专利权利要求记载的专利方法每一个步骤均被实现。

被告主张其采用的技术方案的步骤顺序与涉案专利不同而未落入涉案专利权利要求保护范围的，可以提供证据证明涉案专利所涉步骤必须以特定的顺序实施，且这种顺序改变会导致技术功能或者技术效果的实质性差异。

2. 12 原告以涉案专利系新产品制造方法发明专利为由，主张适用举证责任倒置规则的，应提供以下初步证据：

（一）依照该专利方法直接获得的产品为国内外第一次生产出的产品，其与专利申请日之前已有的同类产品相比，在产品的组份、结构或者其质量、性能、功能方面有明显区别；

（二）被诉侵权产品与依照该专利方法直接获得的产品在形状、结构或成份等方面无实质性差异。

2. 13 侵害专利权纠纷涉及不属于新产品制造方法发明专利的，原告围绕以下事实提供证据后，可以推定被告使用了涉案专利方法：

（一）被诉侵权产品与依照该专利方法直接获得的产品在形状、结构或成份等方面无实质性差异；

（二）结合已知事实及本领域技术人员的惯常认知，被告经由涉案专利方法制造被诉侵权产品的可能性较大；

（三）原告为证明被告使用了专利方法已尽合理努力。

被告可以提供其实际使用的产品制造方法不同于涉案专利方法的证据，作为前款推定的相反证据。

2.14 原告主张被告为生产经营目的使用、许诺销售、销售、进口的产品侵害涉案方法专利权的，应提供该产品为将原材料等按照涉案方法专利权利要求记载的全部步骤特征进行处理加工所获得的原始产品的证据。

原告提供的被告存在将上述原始产品作为中间部件或原材料，加工、处理成为其他后续产品的证据，可以作为认定被诉侵权产品属于使用涉案专利方法直接获得的产品的证据。

2.15 侵害药品制备方法专利权纠纷中，被诉侵权药品在药品监督管理机关备案的工艺可以作为推定其实际制备工艺的初步证据，有相反证据的除外。

被告主张被诉侵权药品备案的工艺不真实的，应提供被诉侵权药品技术来源、生产规程、生产记录、备案文件等证据。

对于被诉侵权药品制备工艺等复杂的技术事实，当事人可以通过专家辅助人、司法鉴定以及技术专家咨询等多种方式提供证据。

2.16 原告未提供被诉侵权产品实物，仅提供被诉侵权产品部分视图的，在无相反证据的情况下，可以基于该类产品的特点，合理推定被诉侵权产品其他视图中的设计特征。

2.17 原告主张被告将侵害外观设计专利权的产品作为零部件使用构成销售外观设计专利产品行为的，应提供证据证明被告将该被诉侵权产品用于制造另一产品并存在销售该另一产品的行为。

被告主张其不应就前款情形承担侵权责任的，可以提供证据证明侵害外观设计专利产品在另一产品中仅具有技术功能。

2.18 原告主张被告构成帮助侵害专利权的，应围绕以下事实提供证据：

（一）明知有关产品系专门用于实施涉案专利技术方案的原材料、中间产品、零部件或设备等专用产品；

（二）未经专利权人许可，为生产经营目的向他人提供前项专用产品；

（三）他人实施了直接侵害专利权行为。

原告提供证据证明他人直接实施专利权的行为属于非生产经营目的、为科研目的或行政审批目的的实施行为，或者属于临时过境行为的，视原告完成了前款第（三）项的举证责任。

2.19 原告主张被诉侵权产品系专用产品的，应围绕以下事实提供证据：

（一）被诉侵权产品为实现涉案专利技术方案所不可或缺的原料或零部件等；

（二）被诉侵权产品除用于涉案专利技术方案外无其他实质性非侵权用途。

原告提供上述初步证据后，被告主张被诉侵权产品不是专用产品的，应提供该产品具有其他实质性非侵权用途的证据。

2.20 原告主张被告构成教唆侵害专利权的，应围绕以下事实提供证据：

（一）未经原告许可，为生产经营目的，以提供图纸、产品说明书或传授技术方案、进行产品演示等方式积极诱导他人实施直接侵害专利权的行为；

（二）他人实施了直接侵害专利权行为。

原告提供证据证明他人直接实施专利权的行为属于非生产经营目的、为科研目的或行政审批目的的实施行为，或者属于临时过境行为的，视原告完成了前款第（二）项的举证责任。

2.21 原告应根据其主张的权利要求，在划分技术特征的基础上，提供被诉侵权行为使用的技术方案涵盖了涉案专利权利要求全部技术特征的比对表。

2.22 原告主张相关技术特征具有特定含义的，应结合涉案专利说明书、附图及其他权利要求的记载作出详细说明；必要时，可以提供与涉案专利存在分案申请关系的其他专利以及上述专利的专利审查档案、生效的专利授权确权裁判文书所记载的内容，以及工具书、教科书、相关领域期刊论文等公知文献。

2.23 当事人主张本领域普通技术人员知晓某项普通技术知识以及具备运用某种常规实验手段能力的，应对该事实作出详细说明；必要时，应提供工具书、教科书、相关领域期刊论文等公知文献。

2.24 原告主张涉案专利中仅通过功能限定或者效果限定的技术特征不属于功能性特征的，应详细说明该特征属于本领域普通技术人员普遍知晓的技术术语，或仅通过阅读权利要求和说明书即可直接、明确地确定实现上述功能或者效果具体实施方式的技术特征；必要时，原告应提供工具书、教科书、相关领域期刊论文等公知文献。

2.25 原告主张构成等同侵权的，应对被诉侵权技术方案中相关技术特征与涉案专利权利要求记载的对应技术特征采用的技术手段、实现的功能或达到的效果基本相同，且本领域普通技术人员无需经过创造性劳动就能够想到该特征的事实，进行必要的说明；必要时，应提供相应的证据。

2.26 被告否认等同侵权成立的，可以围绕以下事实提供证据：

（一）被诉侵权技术方案不能解决涉案专利的技术问题或实现涉案专利的技术效果；

（二）被诉侵权技术方案属于涉案专利仅在说明书或者附图中描述而未被概括到权利要求中的技术方案；

（三）属于本领域普通技术人员阅读权利要求书、说明书后，认为专利申请人或者专利权人在权利要求中特意强调某一特征的用语含义而有意排除的特定技术方案；

（四）专利申请人或专利权人在专利授权或者确权程序中为克服获得授权的实质性缺陷，对权利要求、说明书进行了限缩性修改或意见陈述，使得被诉侵权技术方案未落入涉案专利权利要求保护范围。

原告主张前款第（四）项不能成立的，应提供证据证明前述相关限缩性修改或者陈述已被明确否定。

2.27 原告主张被诉侵权产品与涉案外观设计专利所涉产品种类相同或相近的，可以围绕以下事实提供证据：

（一）《国际外观设计分类表》；

（二）相关产品被作为关联商品采购的合同、收发货单据、票据等；

（三）相关产品被置于相同品类货架销售、宣传展示的照片等；

（四）用于比较分析、汇总统计的行业报告、统计报告等；

（五）相关行业协会或主管机关出具的证明；

（六）反映产品功能、用途或使用环境的相关市场报告等。

2.28 原告主张被诉侵权设计落入涉案外观设计专利权保护范围的，应对涉案外观设计、被诉侵权设计可视部分的全部设计特征进行逐个分析比对并明确说明二者的相同点及不同点。

2.29 当事人主张一般消费者具备相关知识水平和认知能力的，应对该事实作出详细说明；必要时，应提供现有设计状况的证据。

2.30 原告主张相关特征为涉案专利区别设计特征的，可以围绕以下事实提供证据：

（一）涉案专利简要说明；

（二）相同或相近产品上现有设计的整体状况。

2.31 为准确确定设计空间，当事人可以围绕以下事实提供证据：

（一）产品或其中零部件所涉的技术功能；

（二）采用该类产品常见特征的必要性；

（三）现有设计的拥挤程度；

（四）其他如降低成本等经济因素可能对设计空间产生的影响。

2.32 在被诉侵权产品与涉案外观设计专利图片或者照片的比对中，当事人认为相关特征属于功能性设计特征、惯常设计特征的，应进行详细说明或提供证据。

2.33 当事人主张相关设计特征为产品功能决定的，可以围绕以下事实提供证据：

（一）该设计特征为推荐性标准或强制性标准明确规定的；

（二）该设计特征系为实现机械上的配合关系必须采用的不可选择的设计特征或者选择较为有限的设计特征。

2.34 在侵害外观设计专利权纠纷中，原告请求保护色彩的，应提供由国务院专利行政部门认可色彩属于涉案外观设计专利权保护范围的证据；必要时，应与国务院专利行政部门专利审查档案中的色彩进行核对。

2.35 原告请求被告支付临时保护期使用费的，应提供证据证明被告实施了涉案专利，且被诉侵权技术方案同时落入涉案专利申请公布时申请人请求保护的范围以及该专利公告授权的保护范围。

被告主张其使用、许诺销售、销售的产品系他人在临时保护期内制造、销售、进口的产品而不承担侵权责任的，应围绕以下事实提供证据：

（一）产品的制造、销售、进口行为发生在临时保护期内；

（二）该他人已支付或者书面承诺支付《中华人民共和国专利法》第十三条规定的适当费用。

2.36 与被告提出的先用权抗辩、现有技术抗辩或现有设计抗辩等抗辩理由相关的证据，一般应在一审辩论终结前提出。

被告在一、二审程序中均未提出先用权抗辩、现有技术抗辩或现有设计抗辩，在申请再审时提供与该抗辩有关证据的，一般不予采信。

2. 37 被告以涉案专利效力不稳定为由请求法院裁定驳回原告起诉的，可以提供涉案专利审查档案、撤销公告、无效审查决定书或者行政判决书作为证据。

2. 38 被告以涉案专利为专利权人恶意取得为由请求法院判决驳回原告诉讼请求的，可以围绕以下取得方式提供证据：

（一）将申请日前的国家标准、行业标准等技术标准中的技术方案申请专利；

（二）国家标准、行业标准等技术标准的制定参与人，将其在参与标准起草、制定过程中知悉的他人技术方案申请专利；

（三）明知为某一地区广为制造或使用的产品采用的技术方案而将其申请专利；

（四）采用编造实验数据、虚构技术效果等手段使涉案专利满足授权条件；

（五）将域外公开的专利申请文件所披露的技术方案在中国申请专利。

2. 39 被告主张其为非生产经营目的实施涉案专利的，应提供证据证明其利用涉案专利仅为私人目的或存在其他非生产经营目的。

2. 40 被告提出权利用尽抗辩的，可以围绕以下事实提供证据：

（一）涉案专利权人或者被许可人在中国境内售出其专利产品或者依照专利方法直接获得的产品后，购买者在中国境内使用、许诺销售、销售该产品；

（二）涉案专利权人或者被许可人在中国境外售出其专利产品或者依照专利方法直接获得的产品后，购买者将该产品进口到中国境内以及随后在中国境内使用、许诺销售、销售该产品；

（三）涉案专利权人或者被许可人售出其专利产品的专用部件后，使用、许诺销售、销售该部件或用其组装制造专利产品；

（四）涉案方法专利的专利权人或者被许可人售出专门用于实施其

专利方法的设备后，使用该设备实施涉案方法专利。

2.41 被告提出先用权抗辩的，应围绕以下事实提供证据：

（一）已经完成实施发明创造所必需的主要技术图纸或者工艺文件，或者已经制造或者购买实施发明创造所必需的主要设备或者原材料；

（二）仅在专利申请日前已有的生产规模内，以及利用已有的生产设备或者根据已有的生产准备可以达到的生产规模内继续制造、使用；

（三）在先制造的产品、在先使用的方法或设计，是被告独立研究完成或者以其他合法手段取得。

原告主张先用权抗辩不成立的，可以提供证据证明被告援引的在先技术或设计系在专利申请日前抄袭、窃取或者以其他不正当手段获取。

2.42 被告提出临时过境抗辩的，应提供证据证明被诉侵权行为仅涉及临时通过中国领陆、领水、领空的外国运输工具，依照其所属国同中国签订的协议，或者共同参加的国际条约，或者依照互惠原则，为运输工具自身需要而在其装置和设备中使用涉案专利。

2.43 被告提出科研目的抗辩的，应提供证据证明被诉侵权行为系专门针对涉案专利技术方案本身进行的科学研究和实验，其目的是研究、验证、改进他人专利技术，在已有专利技术的基础上产生新的技术成果。

2.44 被告提出行政审批例外抗辩的，应提供证据证明被诉侵权行为系为提供《中华人民共和国药品管理法》《中华人民共和国药品管理法实施条例》《药品注册管理办法》等相关药品管理法律法规、部门规章等规定的实验资料、研究报告、科技文献等相关材料，而制造、使用、进口专利药品或者专利医疗器械，以及专门为其制造、进口专利药品或者专利医疗器械。

2.45 被告提出现有技术抗辩的，应提供证据证明被诉落入专利权保护范围的技术方案的全部技术特征与一项现有技术方案中的相应技术特征相同或者等同，或者所属技术领域的普通技术人员认为被诉侵权技术方案是一项现有技术与所属领域公知常识的简单组合。

被告可以提供以下证据以证明现有技术的状况：

（一）涉案专利申请日前进入公有领域、公众可以自由使用的技术；

（二）尚处于他人专利权保护范围内、涉案专利申请日前的非公有技术；

（三）涉案专利权人拥有的其他在先专利技术。

依据《中华人民共和国专利法》第二十四条的规定享受新颖性宽限期的技术不得作为前款现有技术予以援引。

2.46 被告提出现有设计抗辩的，应提供证据证明被诉侵权产品的外观与一项现有设计相同或者相近似，或者被诉侵权产品的外观设计是一项现有外观设计与该产品的惯常设计的简单组合。

被告可以提供以下证据证明现有设计的状况：

（一）申请日前国内外以出版物形式公开的设计；

（二）申请日前通过使用、销售、进口、交换、馈赠、演示、展出等使用方式公开的设计；

（三）申请日前通过报告会或讨论会发言材料、广播、电视、电影等其他方式公开的设计。

2.47 被告作为使用者主张不停止使用的，应围绕以下事实提供证据：

（一）其使用的产品满足关于合法来源抗辩的要件；

（二）其已支付该产品的合理对价。

2.48 被告提出基于国家利益、公共利益的考量不停止侵权抗辩的，应围绕判令停止侵权可能导致以下情形提供证据：

（一）有损于我国政治、经济、军事等安全；

（二）导致公共安全事件发生；

（三）危及公共卫生；

（四）造成重大环境保护事件；

（五）影响行业正常发展；

（六）导致社会资源严重浪费等利益严重失衡的其他情形。

2.49 被告提出不停止实施标准必要专利抗辩的，应围绕以下事实提供证据：

（一）涉案专利属于推荐性国家标准、行业标准或者地方标准，或虽非推荐性国家标准、行业标准或者地方标准，但属于国际标准组织或其他标准制定组织制定的标准，且专利权人按照该标准组织的章程明示且做出了公平、合理、无歧视的许可义务承诺的标准必要专利；

（二）涉案专利权人故意违反其在标准制定中承诺的公平、合理、无歧视的许可义务；

（三）被告在协商中无明显过错。

2.50 涉案专利权人就其在标准制定中承诺的公平、合理、无歧视许可义务的具体内容，可以提供以下证据：

（一）专利权人向相关标准化组织提交的许可声明文件和专利信息披露文件；

（二）相关标准化组织的专利政策文件；

（三）涉案专利权人作出并公开的许可承诺。

2.51 被告可以提供以下证据证明原告故意违反公平、合理、无歧视的许可义务：

（一）未以书面形式通知被告侵害专利权，且未列明侵害专利权的范围和具体侵权方式；

（二）在被告明确表示接受专利许可协商的意愿后，未按商业惯例和交易习惯以书面形式向被告提供专利信息或提供具体许可条件；

（三）未向被告提出符合商业惯例和交易习惯的答复期限；

（四）在协商实施许可条件过程中，无合理理由而阻碍或中断许可协商；

（五）在协商实施许可过程中提出明显不合理的条件，导致无法达成实施许可合同；

（六）原告在许可协商中有其他明显过错行为。

2.52 原告可以提供以下证据证明被告在标准必要专利许可协商过程中存在明显过错：

（一）收到原告的书面侵权通知后，未在合理时间内积极答复；

（二）收到原告的书面许可条件后，未在合理时间内积极回复是否接受该许可条件，或在拒绝接受原告提出的许可条件时未提出新的许可条件建议；

（三）无合理理由而阻碍、拖延或拒绝参与许可协商；

（四）在协商实施许可条件过程中提出明显不合理的条件，导致无法达成实施许可合同；

（五）被告在许可协商中有其他明显过错行为。

第三部分　侵害著作权纠纷

3.1 审理侵害著作权的案件，应围绕以下事实审查原告提供的相应证据：

（一）原告是否对涉案作品享有著作权；

（二）被诉侵权作品与权利作品是否相同或者实质性相似；

（三）被告是否具有接触权利作品的可能，或者被诉侵权作品与权利作品是否存在相同的错误、瑕疵、暗记等独特部分，或者被诉侵权作品与权利作品是否完全相同或高度相似足以排除创作巧合。

3.2 原告提供的作品、录音录像制品上的署名以及涉及著作权的底稿、原件、合法出版物、著作权登记证书、认证机构的证明、取得权利的合同、符合行业惯例的权利人声明等可以作为证明著作权归属的初步证据。

被告提供的与作品上署名不一致的其他署名、认证机构出具的相互矛盾的证明、作品登记机构出具的相互矛盾的著作权登记证书、权利人出具的相互矛盾的声明等可以作为推翻前款初步证据的反证。

3.3 电影、电视剧上明确标示的权利归属信息可以作为认定权属的初步证据，但有相反证据的除外。

电影、电视剧上未明确标示权利归属信息，也未标示制作者的，电影、电视剧片头、片尾等位置标示的出品单位署名，可以作为认定权属的初步证据；无出品单位署名的，片头、片尾等位置标示的摄制单位署名，可以作为认定权属的初步证据。出品单位、摄制单位之间的合同可以作为推翻前述认定的反证。

原告提供的制作许可证、拍摄许可证、发行许可证、公映许可证等行政机关颁发的证照，一般不能单独作为认定著作权归属的证据。

原告主张电影、电视剧之外的其他视听作品著作权的，根据视听作品的类型、时长、内容等围绕以下事实提供证据：

（一）时间较长、拍摄复杂的视听作品，应提供相关合同；

（二）短视频等时间短、拍摄简单的视听作品，可以提供相关合同，也可以提供原始文件；

（三）除前两项以外的其他视听作品，一般应提供相关合同。

3.4 职务作品中，利用物质技术条件的证据包括资金、设备、图纸、资料、技术、拍摄场所等；工作职责的证据包括营业执照、事业单位法人证书、相关行政审批手续、劳动合同、人事关系证明、纳税证明等。

3.5 原告主张涉案作品为委托作品的，应提供委托创作合同，作为确定著作权归属的证据。

3.6 原告主张著作权的作品为网络发表作品的，可以提供网页截屏，被告不予认可的，可以请求进行现场勘验；无法勘验的，原告可以提供公证书或者通过区块链、时间戳等电子存证技术固定的网页等证据。

3.7 原告主张专有出版权的，应提供取得专有出版权的合同。

3.8 原告主张非职务表演的表演者权的，可以提供体现其声音、形象等能够确定其表演者身份的证据，也可以提供歌单、节目单、演出海报、剧照、视频节目字幕、片头或片尾演职人员表、主持人播报等能够体现其表演者署名的证据，或者与演出组织者签订的合同等证据。

演员主张职务表演的表演者权的，应提供证明其表演者身份的证据及其与演出单位签订的有关表演者权归属合同等证据。

演出单位主张职务表演的表演者权的，应提供证明该表演是职务表演的证据及其与演员签订的劳动合同、约定表演者权归属的合同等证据。

3.9 原告主张录音制作者权的，应提供署名其为制作者、录制者或者其名称前加注有版权标识的录音制品出版物、录音制品出版物的封面、封底、歌单，或者提供其取得录音制作者权的合同。

在无其他证据佐证的情况下，原告提供的仅标注有“提供版权”信息的录音制品，不能单独作为认定录音制作者权归属的初步证据。

3.10 在无相反证据的情况下，广播、电视中显示的台标、名称、主持人播报的电台、电视台名称等可以作为认定广播组织权归属的初步证据。

3.11 原告主张被告侵害其发表权的，无需就作品未发表进行举证。被告如主张涉案作品已经发表的，应提供涉案作品已经发表的出版物、网页、宣传册等证据。

原告主张被诉展览行为侵害其发表权的，可以提供显示公开陈列涉案美术作品、摄影作品的原件或复制件的宣传广告、展会资料、门票、照片等证据；被告可以提供其受让取得涉案美术作品、摄影作品原件的合同、书面声明、著作权登记证书等作为反证。

3.12 原告主张被告的署名方式不符合约定或通常署名方式的，应提供约定署名方式的合同、往来邮件或体现原告署名的公开发行的作品载体、规定署名方式的行业规范性文件等证据。

3.13 原告主张被告侵害其保护作品完整权的，应提供双方作品的比对，并指明歪曲、篡改之处，同时可以提供报刊、杂志、电台、电视台、互联网等媒体发布的相关评论性文章，相关行业评价组织发布的评分意见、用户评价留言等证据，证明前述歪曲、篡改损害了原告声誉。

3.14 原告主张被告侵害其复制权的，可以提供载有涉案作品的图书、音像制品等出版物、电子文件载体等证据。

3.15 原告主张被告侵害其发行权的，可以提供被告销售、赠与他人载有涉案作品的出版物、电子文件载体，以及销售单据、交易凭证、赠与说明等证据。

3.16 原告主张被告侵害其展览权的，可以提供被告主办或参加展览涉案美术作品、摄影作品展会的邀请函、宣传材料、展会报道，或者被告将涉案美术作品、摄影作品悬挂于公共场所的照片、宣传图文等证据。

3.17 原告主张被告侵害其摄制权的，应提供证据证明被告实施了摄制行为。

原告将署名的出品单位和摄制单位列为共同被告时，出品单位、摄制单位否认共同摄制的，应提供相关合同等证据。

3.18 原告主张被告侵害其改编权的，应具体说明被诉侵权作品中存在权利作品的基本表达，必要时应提供比对表等证据。双方当事人对比对事实有争议的，可以申请鉴定。

3.19 原告主张被告实施了直接侵害其信息网络传播权行为的，应提供证据证明被告实施了提供行为。

原告提供证据证明被告网站能够播放、下载或者以其他方式使公众在其选定的时间、地点获得涉案作品、表演、录音录像制品、广播电视，被告仍主张其未实施提供行为的，被告应提供证据证明其仅提供自动接入、自动传输、信息存储空间、搜索、链接或文件分享技术等技术服务。

被告提供的证据能够证明其未实施提供作品、表演、录音录像制品、广播电视的行为，而仅提供技术服务的，原告可以就此提供相反证据或据此变更诉讼主张，并就变更后的诉讼主张补充提供证据。原告申请补充提供证据的，举证期限可以另行指定。

3. 20 原告主张各被告共同实施了提供行为的，应提供证据证明各被告之间具有共同提供涉案作品、表演、录音录像制品、广播电视的主观意思联络，且为实现前述主观意思联络客观上实施了相应行为。

原告提供的各被告之间存在体现合作意愿的合同邮、件等，可以作为认定各方具有主观意思联络的证据，但被告能够证明其根据技术或者商业模式的客观需求，仅提供技术服务的除外。

3. 21 被告主张其提供信息存储空间服务的，可以围绕以下事实提供证据：

（一）被告网站具备为服务对象提供信息存储空间服务的功能；

（二）被告网站中的相关内容明确标示了为服务对象提供信息存储空间服务；

（三）上传者的用户名、注册 IP 地址、注册时间、上传 IP 地址、联系方式以及上传时间、上传信息等；

（四）其他事实。

3. 22 被告能够提供证据证明存在以下情形之一的，可以初步认定其提供的是链接服务：

（一）涉案作品、表演、录音录像制品、广播电视在播放时自被告网站跳转至第三方网站；

（二）涉案作品、表演、录音录像制品、广播电视在播放时虽未发生网站跳转，但地址栏显示的是第三方的网址，或者有其他证据足以证明涉案作品、表演、录音录像制品、广播电视置于第三方网站的；

（三）其他情形。

被告仅提供播放画面的水印或者影片介绍中载明的播放来源图标、文字的，一般不能认定被告完成了举证责任。

3.23 原告主张被告作为自动接入、自动传输、信息存储空间、搜索、链接或文件分享技术等网络服务提供者构成帮助侵害信息网络传播权的，可以围绕以下事实提供证据：

（一）被告提供了自动接入、自动传输、信息存储空间、搜索、链接或文件分享技术等网络服务；

（二）网络用户利用被告提供的网络服务提供了涉案作品、表演、录音录像制品、广播电视的行为；

（三）被告明知或应知网络用户利用其提供的网络服务提供涉案作品、表演、录音录像制品、广播电视。

3.24 原告主张被告作为自动接入、自动传输、信息存储空间、搜索、链接或文件分享技术等网络服务提供者构成教唆侵害信息网络传播权的，可以围绕以下事实提供证据：

（一）被告提供了自动接入、自动传输、信息存储空间、搜索、链接或文件分享技术等网络服务；

（二）被告以积分奖励、增加访问权限、赠与虚拟货币或者现金等方式诱导网络用户利用其网络服务提供涉案作品、表演、录音录像制品、广播电视。

3.25 原告主张提供信息存储空间服务的被告应知其信息系统中存在涉案作品、表演、录音录像制品、广播电视的，可以围绕以下事实提供证据：

（一）涉案作品、表演、录音录像制品、广播电视或者与其相关的信息位于首页、各栏目首页或者其他主要页面等可被明显感知的位置；

（二）对涉案作品、表演、录音录像制品、广播电视的主题或者内容主动进行选择、编辑、修改、整理、推荐或者为其设立专门排行榜；

（三）信息存储空间服务提供者从涉案作品、表演、录音录像制品、广播电视中直接获利；

（四）网络用户提供的是专业制作且内容完整的影视作品、音乐作品、表演、录音录像制品、广播电视，或者处于热播、热映期间的影视作品、知名度较高的其他作品以及相关的表演、录音录像制品、广播电视；

（五）网络用户提供的是正在制作过程中且按照常理制作者不可能准许他人传播的影视作品、音乐作品、表演、录音录像制品、广播电视；

（六）其他明显的侵权事实。

3.26 提供信息存储空间服务的被告主张其不承担赔偿责任的，可以围绕以下事实提供证据：

（一）明确标示涉案作品、表演、录音录像制品、广播电视是服务对象所提供，并公开信息存储空间服务者的名称、联系人、网络地址；

（二）在接到权利人的通知书后，及时删除涉案作品、表演、录音录像制品、广播电视；

（三）已采取合理过滤措施。

3.27 原告主张链接服务提供者构成帮助侵害信息网络传播权的，可以围绕以下事实提供证据：

（一）被链接网站提供了侵害他人信息网络传播权的作品、表演、录音录像制品、广播电视；

（二）链接服务提供者在接到权利人的通知后，未及时采取删除、屏蔽、断开链接等必要措施。

3.28 原告主张链接服务提供者存在过错的，可以围绕以下事实提供证据：

（一）链接服务提供者接到权利人通知后，未及时采取断开链接等必要措施；

（二）链接服务提供者与被链接网站之间存在相关的合作；

（三）链接服务提供者设置指向特定作品、表演、录音录像制品、广播电视的定向链接，且被链接网站侵权行为明显；

（四）链接服务提供者对其链接的涉案作品、表演、录音录像制品、广播电视进行了主动的选择、编辑、推荐，使公众在设链网站上可以直接下载、浏览或者以其他方式获得；

（五）其他情形。

3.29 提供搜索、链接服务的网络服务提供者主张免除赔偿责任的，可以围绕以下事实提供证据：

（一）对被链接的作品、表演、录音录像制品、广播电视是否侵权不属于明知或者应知；

（二）接到权利人的通知后，及时采取必要措施；

（三）已采取合理过滤措施。

3.30 原告主张被告接到权利人通知未采取必要措施的，应提供证据证明其向被告发出了合格的通知、被告收到了该通知、被告在合理期限内未采取必要措施。

3.31 原告主张网络服务提供者收到权利人通知的，可以围绕以下事实提供证据，但网络服务提供者提供相反证据的除外：

（一）原告根据网络服务提供者公示的途径及方式发送通知；

（二）原告虽然未按照网络服务提供者公示的途径及方式发送通知，但其向网络服务提供者发送通知的途径和方式足以使网络服务提供者收到该通知；

（三）网络服务提供者自认收到了该通知；

（四）网络服务提供者通过邮件等方式向原告作出回复；

（五）其他情形。

3.32 网络服务提供者提出完成通知删除的抗辩，应提供证据证明其接到原告提供的符合条件的通知后，及时删除了涉案作品、表演、录音录像制品、广播电视，或及时断开了与涉案作品、表演、录音录像制品、广播电视链接，或采取了其他必要措施。

3.33 原告主张被告故意避开或者破坏技术措施的，可以围绕以下事实提供证据：

（一）原告采取了技术措施；

（二）一般用户通常无法避开或者破解该技术措施；

（三）被告实施了破坏或避开技术措施的行为。

3.34 原告主张被诉侵权网站由被告经营的，应提供指向被告是被诉侵权网站经营者的网站登记备案信息、网站中相关标示信息等证据。

经营性网站登记备案信息可以作为证明网站经营者身份的初步证据，但有相反证据的除外。

被诉网站上仅有被告名称，其他标示信息与被告相关信息不一致的，一般不能将标示的名称作为证明网站经营者身份的初步证据。

3.35 侵权出版物上标注的出版者、书号的所有者等可作为认定侵权出版物出版者的初步证据，但有相反证据的除外。

3.36 原告主张出版者未尽到合理注意义务的，可以围绕以下事实提供证据：

（一）被告提供的出版合同中的著作权人与出版物上署名作者不一致；

（二）出版者没有审查演绎作品或者汇编作品著作权人是否得到原作品著作权人的授权；

（三）被诉侵权出版物包含与在先发表的出版物相同的内容；

（四）被诉侵权出版物的出版虽经过曾出版该书的出版者同意，但没有得到著作权人许可；

（五）其他情形。

3.37 出版者主张其尽到了合理注意义务，可以围绕以下事实提供证据：

（一）虽然作者在授权其出版前已经授权他人出版或已转让著作权，但因作品尚未发表，出版者对此并不知情；

（二）演绎作品的作者事前未告知出版者是演绎作品，且原作品从未发表，出版者无法判断出版物是否属于演绎作品；

（三）职务作品作者所在单位或合作作者主张出版者侵权时，该作品的作者事前未将创作过程如实告知出版者，出版者无其他途径知晓创作过程，也无法判断该出版物是否属于职务作品或合作作品；

（四）被诉侵权出版物的授权链条完整，原始授权者的身份及授权文件无明显疑点；

（五）其他情形。

3. 38 原告主张被告侵犯其版式设计权的，应提供证据证明双方出版的系同一作品，并说明双方出版同一作品的版心、排式、字体字形、行距、标点等版面布局因素整体安排相同或基本相同，必要时需提供比对表。

3. 39 原告应提供证据证明权利录音制品与被诉侵权录音制品音源相同。

原告提供的证据能够证明双方录音制品中的表演者、词曲、编曲等因素相同，且在听觉上无明显差异的，通常认为其完成了音源相同的初步举证责任。被告否认的，应提供音源鉴定报告等反证。

3. 40 被告主张被诉侵权作品由其独立创作的，可以围绕以下事实提供证据：

（一）没有接触权利作品的可能性；

（二）涉案作品的具体情形足以存在创作巧合；

（三）原始创作手稿；

（四）在先作品著作权登记证书；

（五）发表在先的作品；

（六）其他独立创作的事实。

3.41 被告主张被诉侵权作品与权利作品相同或实质性相似的部分来自于在先其他作品的，应提供该在先其他作品，并就被诉侵权作品与该在先作品的相同或实质性相似进行说明。

3.42 被告主张被诉侵权作品与权利作品相同或实质相似的部分来源于公有领域的，应提供该公有领域的相关作品，并就被诉侵权作品与该公有领域的相关作品相同或实质性相似进行说明。

3.43 被告提出有限表达抗辩的，应提供证据证明或者说明被诉侵权作品与权利作品表达相同或实质性相似是因表达方式极为有限或执行共同标准等造成的。

3.44 被告提出必要场景抗辩的，应提供证据证明被诉侵权作品与权利作品相同或者实质性相似的表达是表达某一主题必须描述的场景或者必须使用的场景设计。

3.45 被告主张合理使用抗辩的，应围绕以下事实提供证据：

（一）被诉行为属于《中华人民共和国著作权法》列举的合理使用情形；

（二）指明了作者姓名或者名称、作品名称；

（三）被诉行为未影响原告作品的正常使用；

（四）被诉行为并未替代原告的作品，也未不合理损害原告的合法权益。

3.46 原告主张被告侵害其计算机软件著作权的，可以提交关于被告接触了主张权利的软件且被诉侵权软件与主张权利的软件实质性近似的证据，也可以提交双方软件的目标程序和权利软件的源程序。

3.47 被诉侵权软件的源程序一般由被告提供。被告拒不提供源程序或者提供的源程序无法采信的，原告可以主张将权利软件的目标程序与被诉侵权软件的目标程序进行对比。

3.48 原告主张最终用户侵害其计算机软件著作权的，可以提供以下初步证据：

（一）行政处罚决定；

（二）被告单位职工的证言，或者接触过被告计算机系统的证人证言；

（三）被告制作的载明其使用涉案软件的广告；

（四）被告发布的含有要求应聘人员熟练掌握权利软件的招聘信息；

（五）被告制作的载明其使用权利软件的产品说明书或产品；

（六）被告使用的计算机中运行权利软件的照片或视频等；

（七）其他初步证据。

原告在提供了上述初步证据的情况下，可以申请对被告使用权利软件的事实进行调查取证或证据保全。

在调查取证时，如果需要检查的计算机数量过多，可以在征得双方当事人同意的情况下进行抽查，并由双方当事人书面确认抽查结果适用于全部检查范围。根据具体情况，也可以采取远程取证的方式。

第四部分　侵害商标权纠纷

4.1 原告主张其享有注册商标专用权的，可以提供商标注册证、核准注册公告、续展注册商标公告、由国家知识产权局依据《商标国际注册马德里协定》作出的该国际注册在中国有效的证明文件、商标转让证明、注册商标转让公告、商标承继关系证明等证据。

原告主张其经许可取得商标使用权的，可以提供商标使用许可合同、商标许可使用授权书、商标许可使用备案信息以及其他能体现商标许可使用关系的证据。

4.2 取得排他许可的被许可人提起侵权之诉，除应提供第 4.1 条列举的商标权属证据外，还应提供商标权人放弃诉讼或不起诉的证据。

取得普通许可的被许可人提起侵权之诉，除应提供第4.1条列举的商标权属证据外，还应提供商标权人明确授权被许可人提起诉讼的证据。

4.3 原告主张被告侵害其商标权的，应提供证据证明被诉侵权标志的使用构成商标法意义上的使用。

为证明前款事项，原告可以提供以下证据：

（一）以直接贴附、刻印、烙印或者编织等方式标示有被诉侵权标志的商品、商品包装、容器、标签、商品附加标牌、产品说明书、介绍手册、价目表；

（二）标示有被诉侵权标志的与商品销售有关的合同、发票、收据、商品进出口检验检疫证明、报关单据；

（三）标示有被诉侵权标志的计算机软件安装、运行界面的图片或视频；

（四）标示有被诉侵权标志的服务场所使用的宣传资料、工作人员服饰、招贴、菜单、价目表、名片、奖券、办公文具、信笺，店堂招牌、内外装饰装潢的照片或视频；

（五）标示有被诉侵权标志的与服务有关的宣传资料、财务账册、发票、收据、收汇款单据、服务协议、维修维护证明；

（六）标示有被诉侵权标志的电影、广播、电视、网页、即时通讯工具、应用程序、出版物、广告牌、邮寄广告或者其他广告载体；

（七）展览会、博览会等公开集会上使用的标示有被诉侵权标志的印刷品、展台照片、参展证明、委托布展合同、发票及其他资料；

（八）与商标使用相关的其他证据。

4.4 原告主张被诉侵权商品与其商标核定使用的商品属于同一种或类似商品的，可以围绕以下事实提供证据：

（一）《类似商品和服务区分表》；

（二）相关商品被作为关联商品采购的合同、收发货单据、交易票据；

（三）相关商品被置于相同品类货架销售、宣传展示的照片；

（四）进行比较分析、汇总统计、归纳趋势特点的行业情况报告、统计报告；

（五）反映消费群体、销售渠道相关联、相重合的市场报告、行业调查报告；

（六）其他事实。

4.5 被诉侵权标志与原告的注册商标属于使用在同一种商品上的近似商标的，或者属于使用在类似商品上的相同或近似商标的，原告可以提供用户评价、用户留言、投诉信函、市场调查报告等证据证明存在混淆可能性。

原告主张被告在同一种商品上使用与其注册商标相同商标的，推定已造成混淆。

4.6 原告主张被告销售侵害注册商标专用权的商品或销售伪造、擅自制造注册商标标志的，可以提供侵权商品、侵权商标标志、销售合同、发票、付款凭证、宣传材料、电商平台销售记录、用户留言评价以及销售其他商品或商标标志时附赠的侵权商品、商标标志等证据。

4.7 原告主张被告伪造、擅自制造其注册商标标志的，应提供证据证明被告实际制造或委托他人制造了与原告注册商标相同或近似的标志，且该标志所示商品与原告注册商标核定使用的商品构成同一种或类似商品。

4.8 原告主张被告为实施侵害商标权行为提供帮助的，可以提供被告作为市场主办方、展会主办方、柜台出租人、电子商务平台经营者，为他人实施侵权行为提供仓储、运输、邮寄、印制、隐匿、经营场所、网络商品交易平台等便利的证据。

4.9 原告主张被告故意为侵害他人商标权行为提供便利条件的，可以提供原告发出的侵权警告函被签收、相关执法部门通知、行政裁决书、裁判文书等证据。

4.10 原告主张被告将与他人注册商标相同或近似的文字作为企业字号使用构成侵害商标权的，除按第4.1条提供其享有注册商标专用权的证据外，还应提供被告在与原告注册商标同一种或类似商品上单独或突出使用企业字号的证据。

4.11 原告主张商标达到驰名程度，应依据《中华人民共和国商标法》第十四条的规定围绕以下事实提供证据：

（一）反映使用该商标的商品的市场份额、销售区域、纳税情况等因素的销售合同、各类票据、参加展会证明、广告宣传；

（二）体现商标持续使用时间、地域范围的相关证据；

（三）该商标曾被作为驰名商标受保护的记录；

（四）使用该商标的商品在行业内排名列表、市场价值评估报告、市场分析报告、市场调查报告、荣誉证书；

（五）使用该商标商品的用户数量、交易金额、用户互动数据；

（六）其他事实。

4.12 原告主张被告侵害其未注册驰名商标权益的，应围绕以下事实提供证据：

（一）涉案商标经过长期宣传、使用已达驰名程度；

（二）被告实际使用的商品与涉案商标据以驰名的商品构成同一种或类似商品；

（三）被告使用的商标构成对涉案商标的复制、摹仿或者翻译；

（四）被告的使用行为容易导致相关公众的混淆。

4.13 原告主张被告侵害其注册驰名商标专用权的，应围绕以下事实提供证据：

（一）涉案商标经过长期宣传、使用已达驰名程度；

（二）被告使用的商标构成对涉案商标的复制、摹仿或者翻译；

（三）被告的使用行为容易误导公众，致使原告的利益受损。

4.14 原告主张被告将与其注册商标相同或近似的文字注册为域名侵害其商标权的，除按第4.1条提供其享有注册商标专用权的证据外，还应提供域名查询信息、域名证书、被告在同一种或类似商品上使用该域名进行电子商务交易的网页、交易记录等证据。

4.15 被告主张原告注册商标或其中部分文字属于通用名称的，可以提供字典、辞典、工具书、国家标准、行业标准、地方志、行业权威刊物等文献资料，或者属于全国范围内相关公众普遍认为能够指代一类商品约定俗成的通用名称的证据。

4.16 被告依据《中华人民共和国商标法》第五十九条第三款提出在先使用抗辩的，可以提供原告注册商标申请日前的合同、履行合同证明、宣传推广协议、市场调查报告、用户评价记录、购买记录、销售订单等使用被诉侵权标志的证据。

第五部分 不正当竞争纠纷

5.1 原告主张其被仿冒的相关标识有一定影响，可以提供以下证据：

（一）销售合同、发票、转账记录；

（二）参加展会、产品发布会等宣传材料；

（三）门店、分支机构、关联公司情况；

（四）网络推广协议、宣传网页、订单及交易记录；

（五）财务、审计报告；

（六）该标识受司法保护的生效裁判文书；

（七）荣誉证书、奖杯、奖牌；

（八）资质证明、质量证书；

（九）其他可以证明相关标识的影响已及于被告的证据。

5.2 原告主张被告实施了仿冒行为的，可以提供从公开市场上取得的被告商品或者获得被告服务的交易凭证、宣传材料、应用软件、相关网页等证据。

5.3 被告主张其使用的相关标识有合法来源的，可以提供其持有或经许可使用的在先外观设计专利证书、商标注册证、权利受让证明、许可使用合同、授权书等证据。

5.4 原告主张被告实施了虚假宣传行为的，可以提供以下证据：

（一）宣传材料、产品说明书、报刊杂志广告、网页介绍；

（二）相关网页、网络沟通记录；

（三）针对被告实施的虚假或引人误解宣传所涉事实的相反证据；

（四）其他证据。

5.5 被告否认实施虚假宣传行为的，可以提供以下证据：

（一）反映宣传内容的产品、服务及其说明书、宣传材料；

（二）与宣传内容相符的荣誉证明、资质证明；

（三）与宣传内容相符的合同、订单；

（四）客户就宣传内容所作的说明、评论；

（五）未被误解的用户评价、留言；

（六）其他证据。

5.6 原告主张其享有商业秘密的，应说明其商业秘密的具体内容，同时可以提供载有商业秘密的合同、文档、计算机软件、产品、招投标文件、数据库文件，原告与披露、使用或允许他人使用商业秘密的人存在约定保密义务的合同、员工证明、社保证明、离职手续、企业规章制度，密钥、限制访问系统或物理保密装置等证据。

5.7 原告主张被告实施侵害商业秘密行为的，可以提供以下证据：

（一）被告生产的含有原告商业秘密的产品、产品手册、宣传材料、计算机软件、文档；

（二）被告与第三方订立的含有原告商业秘密的合同；

（三）被告所用信息与原告商业秘密相同或存在相似程度的鉴定报

告、评估意见、勘验结论；

（四）被告与披露、使用或允许他人使用商业秘密的主体存在合同关系或其他关系的合同；

（五）针对原告商业秘密的密钥、限制访问系统或物理保密装置等被破解、规避的记录；

（六）能反映原告商业秘密被窃取、披露、使用的证人证言；

（七）体现原告商业秘密存在的产品说明书、宣传介绍资料；

（八）被告明知或应知他人侵犯商业秘密仍提供帮助的宣传网页、销售或展览展示场所；

（九）被告教唆、引诱、帮助他人侵犯商业秘密的录音录像、聊天记录、邮件；

（十）其他证据。

5.8 原告主张被诉信息与原告主张的商业秘密构成实质性相同，可以提供以下证据：

（一）有资质的鉴定机关、评估机构出具的鉴定意见、评估意见，相关专家辅助人意见；

（二）能体现与原告主张的商业秘密实质性相同的信息的产品、合同、意向书；

（三）前述证据来自于与被告有关的第三方；

（四）其他证据。

必要时，原告可以申请对含有原告商业秘密与被诉信息的产品、文档等载体进行现场勘验或鉴定。

5.9 被告否认侵犯商业秘密的，可以提供以下证据：

（一）已公开原告商业秘密的文献资料、宣传材料、网页、相关产品；

（二）原告保密措施无效的鉴定意见、评估报告；

（三）被告所用信息与原告商业秘密不同的鉴定意见、评估报告、勘验结论；

（四）被告获取、披露、使用或者允许他人使用的商业秘密经过合法授权的授权书、合同；

（五）被告自行开发研制或者反向工程等的开发文件、研发记录、音视频文件；

（六）客户基于对离职员工个人的信赖而自愿与该个人或者其新单位进行市场交易的说明、证人证言；

（七）其他证据。

5.10 被告抗辩被诉信息与原告商业秘密存在实质性区别的，可列明二者之间存在的区别点，并对相关区别点导致二者构成实质性区别予以说明，必要时可以提供专家辅助人意见、鉴定意见等；或者提供被诉信息与原告商业秘密中构成实质性相同部分的信息属于他人信息或公有领域信息的文档、专家辅助人意见、鉴定意见、评估意见等证据。

必要时，被告可以申请对原告商业秘密与被诉信息的产品、文档等载体进行现场勘验或鉴定。

5.11 被告抗辩被诉信息系通过反向工程获取的，可以提供以下证据：

（一）通过公开渠道取得产品的购买合同、接受赠予的凭证、票据；

（二）通过拆卸、测绘、分析等相关技术手段从公开渠道取得的产品中获得有关技术信息的工作记录、视频、文档数据；

（三）委托他人通过拆卸、测绘、分析等技术手段从公开渠道取得的产品中获得有关技术信息的合同、往来邮件；

（四）其他证据。

5.12 被告提出个人信赖抗辩的，可以提供以下证据：

（一）所涉行业领域强调个人技能的行业特点说明；

（二）客户明确其系基于对员工个人的信赖自愿选择交易的声明、

说明或者聊天记录、往来邮件；

（三）与相关客户的交易未利用原告所提供的物质条件、交易平台的文件、沟通记录；

（四）其他证据。

5.13 原告主张被告实施商业诋毁行为的，可以提供被告编造、传播虚假信息或误导性信息的声明、评价、宣传报道等图文、视频，原告因被告行为造成客户解约的解除合同通知、用户评价降低等证据。

5.14 被告否认实施商业诋毁的，可以提供以下证据：

（一）被告发布的信息符合客观事实的产品或服务的说明书、宣传材料；

（二）原告产品、服务或经营活动受到相关处罚的决定书、原告作出的公开声明、原告客户作出的相关评价；

（三）被告发布的信息并非针对原告的宣传材料、声明；

（四）未被误导的用户评价、留言；

（五）其他证据。

5.15 原告主张与被诉网络不正当竞争行为存在利害关系的，可以提供以下证据：

（一）网站的登记备案信息、域名注册信息、网站用户协议、公示有经营者信息的网页；

（二）应用软件的开发者信息、软件数字签名、计算机软件著作权登记证书等；

（三）产品使用协议、用户服务协议、会员服务协议、技术保护措施声明、第三方网站对原告产品或服务的介绍；

（四）其他证据。

5.16 原告主张被诉行为发生在网络中，可以提供固定被诉行为的网页、公证书、第三方电子存证机构出具的电子证据等。

原告主张被诉行为属于利用技术手段实施的，可以提供以下证据：

（一）体现被诉行为利用技术手段的文档、视频、公证书等说明文件；

（二）未利用技术手段与利用技术手段的效果比对文件、公证书、鉴定意见、专家辅助人意见；

（三）被告对其技术手段的宣传报道、自我介绍；

（四）其他证据。

必要时，原告可以申请对被告所采取的技术手段进行现场勘验。

5. 17 原告主张被告实施其他妨碍、破坏原告正常经营行为的，可以提供以下证据：

（一）体现原告网络产品或服务正常运行的音视频文件、公证书、第三方电子存证机构保存的数据信息；

（二）原告网络产品或服务所使用的密钥、专门软件等技术措施、专家辅助人意见；

（三）被告不正当地获得原告网络产品或服务涉及的用户信息、经营数据、虚拟财产；

（四）被告使用的特定插件、网络爬虫软件、破解软件；

（五）原告网络产品或服务无法正常运行、设置、升级的音视频文件、公证书、第三方电子存证机构保存的证据、专家辅助人意见、经济学分析报告；

（六）其他证据。

5. 18 被告否认实施妨碍、破坏原告正常经营行为的，可以提供以下证据：

（一）存在造成原告产品或服务无法正常运行的第三方干扰程序或技术措施；

（二）被诉行为未违反行业惯例、行业自律公约的专家辅助人意见；

（三）未造成原告合法权益受损的经济学分析报告；

（四）其他证据。

5.19 当事人主张存在相关行业商业道德的，可以提供相关行业惯例、行业协会或者自律组织制定的从业规范或者自律公约、相关行业标准或技术规范等证据。

5.20 原告主张被告存在主观故意的，可以围绕以下事实提供证据：

（一）被告通过相关媒体公开宣传介绍被诉行为与原告产品或服务有关；

（二）基于与原告存在合作、洽谈等关系而明知被诉行为可能对原告的合法权益造成损害后，仍实施被诉行为；

（三）被告的相关人员曾任职于原告，明知被诉行为可能对原告的合法权益造成损害，仍实施被诉行为；

（四）收到原告的警告后未及时停止被诉行为；

（五）其他事实。

第六部分　附　　则

本指引自下发之日起执行，北京市高级人民法院以前发布的有关文件与本指引不一致的，以本指引为准。

最高人民法院办公厅

关于印发2020年中国法院10大知识产权案件和50件典型知识产权案例的通知

2021年4月16日　　法办〔2021〕146号

各省、自治区、直辖市高级人民法院，解放军军事法院，新疆维吾尔自治区高级人民法院生产建设兵团分院：

为充分发挥典型案例的示范引导作用，经各高级人民法院推荐，结合2020年最高人民法院审理的知识产权案件情况，我院选定了2020年中国法院10大知识产权案件和50件典型知识产权案例。现将案件和典型案例名单予以印发，供各级人民法院在知识产权审判工作中参考借鉴。

2020年中国法院10大知识产权案件

一、苹果电脑贸易（上海）有限公司与国家知识产权局、上海智臻智能网络科技股份有限公司发明专利权无效宣告请求行政纠纷案

〔最高人民法院（2017）最高法行再34号行政判决书〕

二、华为技术有限公司、华为终端有限公司、华为软件技术有限公司与康文森无线许可有限公司确认不侵害专利权及标准必要专利许可纠纷三案〔最高人民法院（2019）最高法知民终732、733、734号之一民事裁定书〕

三、红牛维他命饮料有限公司与天丝医药保健有限公司商标权权属纠纷案〔最高人民法院（2020）最高法民终394号民事判决书〕

四、苏州赛芯电子科技有限公司与深圳裕昇科技有限公司、户财欢、黄建东、黄赛亮侵害集成电路布图设计专有权纠纷案〔最高人民法院（2019）最高法知民终490号民事判决书〕

五、武汉大西洋连铸设备工程有限责任公司与宋祖兴公司盈余分配纠纷案〔最高人民法院（2019）最高法民再135号民事判决书〕

六、OPPO广东移动通信有限公司、OPPO广东移动通信有限公司深圳分公司与夏普株式会社、赛恩倍吉日本株式会社标准必要专利许可纠纷案〔广东省深圳市中级人民法院（2020）粤03民初689号之一民事裁定书〕

七、上海玄霆娱乐信息科技有限公司与成都吉乾科技有限公司、四三九九网络股份有限公司侵害著作权纠纷案〔江苏省高级人民法院（2018）苏民终1164号民事判决书〕

八、深圳市腾讯计算机系统有限公司、腾讯科技（深圳）有限公司与浙江搜道网络技术有限公司、杭州聚客通科技有限公司不正当竞争纠纷案〔浙江省杭州铁路运输法院（2019）浙8601民初1987号民事判决书〕

九、惠州市欢唱壹佰娱乐有限公司与中国音像著作权集体管理协会垄断纠纷案〔北京知识产权法院（2018）京73民初780号民事判决书〕

十、李海鹏等9人侵犯著作权罪案〔上海市高级人民法院（2020）沪刑终105号刑事裁定书〕

2020年中国法院50件典型知识产权案例

一、知识产权民事案件

（一）专利权权属、侵害专利权纠纷案件

1. 杭州骑客智能科技有限公司与浙江波速尔运动器械有限公司侵害实用新型专利权纠纷案〔最高人民法院（2018）最高法民申2345号民事裁定书〕

2. 吉林市东北生态农业发展有限责任公司与吉林市昌邑区吉康绿谷种植专业合作社侵害发明专利权纠纷案〔最高人民法院（2019）最高法知民终724号民事判决书〕

3. 北京搜狗科技发展有限公司与百度在线网络技术（北京）有限公司、北京百度网讯科技有限公司、上海天熙贸易有限公司侵害发明专利权纠纷案〔上海市高级人民法院（2018）沪民终134号民事判决书〕

4. 王纯与武汉帝尔激光科技股份有限公司、李志刚、珠海市粤茂激光设备工程有限公司发明创造发明人署名权及专利权权属纠纷案〔湖北省武汉市中级人民法院（2019）鄂01民初187号民事判决书〕

（二）侵害商标权纠纷案件

5. 爱慕股份有限公司与广东艾慕内衣有限公司侵害商标权及不正当竞争纠纷案〔北京市高级人民法院（2020）京民终194号民事判决书〕

6. 天津华联商厦企业管理有限公司与天津市西青区财源利食品店侵害商标权纠纷案〔天津市高级人民法院（2020）津民终88号民事判决书〕

7. 山西杏花村汾酒厂股份有限公司与申宏波、徐超侵害商标权纠纷案〔山西省高级人民法院（2020）晋民终758号民事判决书〕

8. 小米科技有限责任公司与张艳秋侵害商标权纠纷案〔黑龙江省高级人民法院（2020）黑民终254号民事判决书〕

9. 南社布兰兹有限公司与淮安市华夏庄园酿酒有限公司、杭州正声贸易有限公司侵害商标权纠纷案〔江苏省南京市中级人民法院（2018）苏01民初3450号民事判决书〕

10. 华润知识产权管理有限公司与乐平华润置业有限公司侵害商标权及不正当竞争纠纷案〔江西省高级人民法院（2020）赣民终619号民事判决书〕

11. 腾讯科技（深圳）有限公司与深圳市小飞鱼移动科技有限公司、深圳市风铃动漫有限公司、济南历下上方有电子产品经营部、黄宇高、龚浪侵害商标权及不正当竞争纠纷案〔山东省高级人民法院（2020）鲁民终568号民事判决书〕

12. 湖南守护神制药有限公司与武汉东信医药科技有限责任公司、武汉天地人和药业有限公司、广东恒金堂医药连锁有限公司侵害商标权及不正当竞争纠纷案〔湖南省高级人民法院（2020）湘知民终312号民事判决书〕

13. 米其林集团总公司与宁波嘉琪工艺品有限公司侵害商标权纠纷案〔广东省高级人民法院（2019）粤民再44号民事判决书〕

14. 广州钧易信息技术有限公司与深圳荷包金融信息咨询有限公司侵害商标权纠纷案〔广东省深圳市中级人民法院（2019）粤03民终31635号民事判决书〕

15. 重庆胖子天骄融兴食品有限责任公司与重庆老码头食品有限公司侵害商标权及不正当竞争纠纷案〔重庆市高级人民法院（2020）渝民终454号民事判决书〕

16. 重庆家富富侨健康产业股份有限公司与西藏富桥商贸有限公司侵害商标权纠纷案〔西藏自治区高级人民法院（2020）藏知民终1号民事裁定书〕

17. 陕西华清宫文化旅游有限公司与西安华清盛汤汤泉酒店、姜志刚、西安华青会企业管理有限公司侵害商标权及不正当竞争纠纷案

〔陕西省高级人民法院（2020）陕民终935号民事判决书〕

18. 阿克苏地区苹果协会与西宁城北兴敏蔬菜水果商行侵害商标权纠纷案〔青海省西宁市中级人民法院（2020）青01知民初40号民事判决书〕

（三）著作权权属、侵害著作权纠纷案件

19. 福州大德文化传播有限公司与宁乡县皇家贵族音乐会所著作权权属及侵害著作权纠纷案〔最高人民法院（2018）最高法民再417号民事判决书〕

20. 优酷网络技术（北京）有限公司与北京百度网讯科技有限公司侵害作品信息网络传播权纠纷案〔北京市海淀区人民法院（2017）京0108民初15648号民事判决书〕

21. 中文在线数字出版集团股份有限公司与北京京东叁佰陆拾度电子商务有限公司侵害作品信息网络传播权纠纷案〔北京市东城区人民法院（2018）京0101民初4624号民事判决书〕

22. 北京完美建信影视文化有限公司与南宫市广播电视台侵害著作权纠纷案〔河北省高级人民法院（2020）冀知民终2号民事判决书〕

23. 孙德斌与上海教育出版社有限公司侵害著作权纠纷案〔上海市高级人民法院（2020）沪民申2416号民事裁定书〕

24. 北京百慕文化发展有限公司与宋城演艺发展股份有限公司、丽江茶马古城旅游发展有限公司侵害著作权纠纷案〔浙江省高级人民法院（2020）浙民终301号民事判决书〕

25. 浙江盛和网络科技有限公司、上海恺英网络科技有限公司与苏州仙峰网络科技股份有限公司侵害著作权及不正当竞争纠纷案〔浙江省高级人民法院（2019）浙民终709号民事判决书〕

26. 河南省银都影视制作有限公司与优酷信息技术（北京）有限公司侵害作品信息网络传播权纠纷案〔河南省高级人民法院（2020）豫知民终397号民事判决书〕

27. 深圳市腾讯计算机系统有限公司与上海盈讯科技有限公司侵害著作权及不正当竞争纠纷案〔广东省深圳市南山区人民法院（2019）粤0305民初14010号民事判决书〕

28. 邱怀喃、邱怀芬、曾君富与贵州省博物馆、贵州省人民出版社有限公司、西安美术学院、贵州省铜仁市石阡县人民政府著作权权属及侵害著作权纠纷案〔贵州省高级人民法院（2020）黔民终1141号民事判决书〕

（四）不正当竞争、垄断纠纷案件

29. 江苏苏萨食品有限公司与江苏南方果园生物科技有限公司不正当竞争纠纷案〔最高人民法院（2020）最高法民再133号民事判决书〕

30. 张仁勋与四川省宜宾市吴桥建材工业有限责任公司、曹培均、宜宾市砖瓦协会、宜宾恒旭投资集团有限公司、宜宾县四和建材有限责任公司、宜宾市翠屏区创力机砖有限责任公司垄断纠纷案〔最高人民法院（2020）最高法知民终1382号民事判决书〕

31. 上海陆家嘴国际金融资产交易市场股份有限公司、上海陆金所互联网金融信息服务有限公司与西安陆智投软件科技有限公司不正当竞争纠纷案〔上海市浦东新区人民法院（2020）沪0115民初11133号民事判决书〕

32. 珠海仟游科技有限公司、珠海鹏游网络科技有限公司与深圳策略一二三网络有限公司、上海南湃网络科技有限公司、徐昊、肖鑫侵害技术秘密纠纷案〔广东省高级人民法院（2019）粤知民终457号民事判决书〕

33. 长沙文和信餐饮文化管理有限公司与柳州市城中区老浮桥龙虾餐馆不正当竞争纠纷案〔广西壮族自治区高级人民法院（2020）桂民终1819号民事判决书〕

34. 海南省盐业总公司与江苏金桥制盐有限公司、海口方韦物流有限公司、海南韦方盐业有限公司、李存蓉不正当竞争纠纷案〔海南省

海口市中级人民法院（2019）琼01民初868号民事判决书〕

35. 深圳市腾讯计算机系统有限公司、腾讯科技（深圳）有限公司与数推（重庆）网络科技有限公司、谭旺不正当竞争纠纷案〔重庆市第五中级人民法院（2019）渝05民初3618号民事判决书〕

36. 四川省成都市第七中学与眉山冠城七中实验学校不正当竞争纠纷案〔四川省高级人民法院（2020）川知民终202号民事判决书〕

37. 云南白药集团股份有限公司与云南诺特金参口腔护理用品有限公司不正当竞争纠纷案〔云南省高级人民法院（2020）云民终875号民事判决书〕

38. 兰州市城关区新东方学校与李虎、黄莉娜、吴丹、兰州市七里河区菁英英语培训学校侵害商业秘密纠纷案〔甘肃省兰州市中级人民法院（2019）甘01民初170号民事判决书〕

（五）植物新品种、技术合同及禁令纠纷案件

39. 山西利马格兰特种谷物研发有限公司与新疆西农惠民农业科技有限责任公司、克东县金色阳光种子经销处、黑龙江阳光种业有限公司侵害植物新品种权纠纷案〔新疆维吾尔自治区乌鲁木齐市中级人民法院（2019）新01知民初9号民事判决书〕

40. 厦门市拙雅科技有限公司与智童时刻（厦门）科技有限公司、曾庆利技术委托开发合同纠纷案〔福建省高级人民法院（2020）闽民终1098号民事判决书〕

41. 支付宝（中国）网络技术有限公司与江苏斑马软件技术有限公司不正当竞争纠纷案〔上海市浦东新区人民法院（2020）沪民初0115行保1号民事裁定书〕

二、知识产权行政案件

42. 苹果电子产品商贸（北京）有限公司与国家知识产权局、任晓平、孙杰、苹果电脑贸易（上海）有限公司发明专利权无效宣告请求行政纠纷案〔最高人民法院（2020）最高法知行终406号行政判决书〕

43. 爱立信电话股份有限公司与国家知识产权局、华为技术有限公司发明专利权无效宣告请求行政纠纷案〔北京市高级人民法院（2019）京行终513号行政判决书〕

44. 百威哈尔滨啤酒有限公司与国家知识产权局商标申请驳回复审行政纠纷案〔最高人民法院（2020）最高法行再370号行政判决书〕

45. 云南则道茶业股份有限公司与国家知识产权局、石一龙商标权无效宣告请求行政纠纷案〔北京市高级人民法院（2020）京行终3768号行政判决书〕

三、知识产权刑事案件

46. 马振予等4人侵犯著作权罪案〔江苏省扬州市中级人民法院（2020）苏10刑初11号刑事判决书〕

47. 镇江华业汽车用品有限公司、丹阳市丰溢塑料制品有限公司、蒋启华等6人销售假冒注册商标的商品罪案〔江苏省镇江经济开发区人民法院（2020）苏1191刑初92号刑事判决书〕

48. ABB阿西亚·布朗·勃法瑞有限公司与张业锋、芜湖市迪顿电气贸易有限公司销售假冒注册商标的商品罪案〔安徽省芜湖经济技术开发区人民法院（2019）皖0291刑初97号刑事判决书〕

49. 姜建辉等6人侵犯商业秘密罪案〔广东省深圳市中级人民法院（2018）粤03刑终2568号刑事裁定书〕

50. 孔丹丹等4人销售假冒注册商标的商品罪案〔新疆生产建设兵团伊宁垦区人民法院（2020）兵0402刑初9号刑事判决书〕

2020年中国法院10大知识产权案件简介（节选）

二、无线通信标准必要专利“禁诉令”案

华为技术有限公司、华为终端有限公司、华为软件技术有限公司与康文森无线许可有限公司确认不侵害专利权及标准必要专利许可纠纷系列案〔最高人民法院（2019）最高法知民终732、733、734号之一民事裁定书〕

【案情摘要】

2018年1月，华为技术有限公司、华为终端有限公司、华为软件技术有限公司（以下统称华为公司）向江苏省南京市中级人民法院提起本案诉讼，请求确认未侵害康文森无线许可有限公司（以下简称康文森公司）三项中国专利权并请求确认中国地区标准必要专利的许可费率。2018年4月，为反制华为公司的本案诉讼，康文森公司向德国杜塞尔多夫法院提起专利侵权诉讼，请求判令华为公司停止侵权并赔偿损失。2019年9月16日，一审法院判决确定华为公司及其中国关联公司与康文森公司所涉标准必要专利的许可费率。康文森公司不服一审判决，向最高人民法院提起上诉。在最高人民法院二审审理期间，2020年8月27日，德国法院作出一审判决，认定华为公司及其德国关联公司侵害康文森公司欧洲专利，判令禁止华为公司及其德国关联公司提供、销售、使用或为上述目的进口或持有相关移动终端，销毁并召回侵权产品等。该判决可在康文森公司提供240万欧元担保后获得临时执行。该判决认定，康文森公司向华为公司提出的标准必要专利许可费率要约未违反公平、合理、无歧视（FRAND）原则。康文森公司的前述

要约中多模 2G/3G/4G 移动终端产品的标准必要专利许可费率约为本三案一审判决所确定中国标准必要专利许可费率的 18.3 倍。当日，华为公司向最高人民法院提出行为保全申请，请求禁止康文森公司在最高人民法院终审判决作出前申请执行德国法院判决。最高人民法院在要求华为公司提供担保的基础上，作出行为保全裁定，即：康文森公司不得在最高人民法院终审判决前，申请执行上述德国判决。如违反本裁定，自违反之日起，处每日罚款人民币 100 万元，按日累计。该裁定于当日送达。康文森公司在复议期内提起复议。最高人民法院组织双方听证后，裁定驳回康文森公司的复议请求。

【典型意义】

本案是我国知识产权诉讼首例具有“禁诉令”性质的行为保全裁定，明确了采取禁止申请执行域外法院判决的行为保全措施时应考虑的必要性、损害程度、适应性、公共利益以及国际礼让因素等，并首次探索日罚金制度，初步构建起中国“禁诉令”的司法实践路径。本案裁定促成当事人最终达成全球一揽子和解协议，结束了在全球多个国家的平行诉讼，取得了良好的法律效果和社会效果。

三、“红牛”商标权权属纠纷案

红牛维他命饮料有限公司与天丝医药保健有限公司商标权权属纠纷案〔最高人民法院（2020）最高法民终 394 号民事判决书〕

【案情摘要】

天丝医药保健有限公司（以下简称泰国天丝公司）与案外人签订合资合同，约定成立合资公司，即红牛维他命饮料有限公司（以下简称红牛公司），泰国天丝公司为红牛公司提供产品配方、工艺技术、商标和后续改进技术。双方曾约定，红牛公司产品使用的商标是该公司的资产。经查，17 枚“红牛”系列商标的商标权人均为泰国天丝公司。其后，泰国天丝公司与红牛公司先后就红牛系列商标签订多份商标许可使用合同，红牛公司支付了许可使用费。此后，红牛公司针对“红牛”系列商标的产品，进行了大量市场推广和广告投入。红牛公司和泰国天丝公司均对“红牛”系列商标进行过维权及诉讼事宜。后红牛公司向北京市高级人民法院提起诉讼，请求确认其享有“红牛”商标权，并判令泰国天丝公司支付广告宣传费用 37.53 亿元。一审法院判决驳回红牛公司的全部诉讼请求。红牛公司不服，上诉至最高人民法院。最高人民法院二审认为，原始取得与继受取得是获得注册商标专用权的两种方式。判断是否构成继受取得，应当审查当事人之间是否就权属变更、使用期限、使用性质等做出了明确约定，并根据当事人的真实意思表示及实际履行情况综合判断。在许可使用关系中，被许可人使用并宣传商标，或维护被许可使用商标声誉的行为，均不能当然地成为获得商标权的事实基础。最高人民法院遂终审判决驳回上诉、维持原判。

【典型意义】

本案是当事人系列纠纷中的核心争议。本案判决厘清了商标转让与商标许可使用的法律界限，裁判规则对同类案件具有示范意义，释放出平等保护国内外经营者合法权益的积极信号，是司法服务高质量发展，助力改善优化营商环境的生动实践。

四、“锂电池保护芯片”集成电路布图设计侵权案

苏州赛芯电子科技有限公司与深圳裕昇科技有限公司、户财欢、黄建东、黄赛亮侵害集成电路布图设计专有权纠纷案〔最高人民法院（2019）最高法知民终 490 号民事判决书〕

【案情摘要】

苏州赛芯电子科技有限公司（以下简称赛芯公司）申请登记了名

称为“集成控制器与开关管的单芯片负极保护的锂电池保护芯片”的集成电路布图设计。赛芯公司认为，深圳裕昇科技有限公司（以下简称裕昇公司）、户财欢、黄建东、黄赛亮未经许可，复制、销售的芯片与涉案集成电路布图设计实质相同，侵害了涉案集成电路布图设计专有权，故诉至广东省深圳市中级人民法院。一审法院认为，经鉴定，被诉侵权芯片与涉案布图设计具有独创性的部分实质相同，构成侵权，判决裕昇公司赔偿赛芯公司经济损失 50 万元；户财欢、黄建东、黄赛亮对上述赔偿承担连带责任。裕昇公司、户财欢、黄建东、黄赛亮不服，提起上诉称：涉案布图设计图样的纸件不清晰，不应得到保护；不能以芯片样品确定布图设计专有权的保护范围，且涉案布图设计不具有独创性。最高人民法院经审理认为，集成电路布图设计的保护并不以公开布图设计的内容为条件。集成电路布图设计的保护对象是为执行某种电子功能而对于元件、线路所作的具有独创性的三维配置，对于独创性的证明，不能过分加大权利人的举证责任。权利人主张其布图设计的三维配置整体或者部分具有独创性应受保护时，应当对其独创性进行解释或者说明，然后由被诉侵权人提供相反证据，在此基础上综合判断该布图设计的三维配置是否具备独创性。故驳回上诉，维持原判。

【典型意义】

本案是一起典型的侵害集成电路布图设计专有权纠纷案。判决厘清了集成电路布图设计登记行为的性质，明确了集成电路布图设计独创性判断的基本思路，对司法实践中的难点问题作出具体指引，有力地维护了集成电路布图设计权利人的利益，充分体现了人民法院加大对关键领域、重点环节知识产权司法保护力度，促进自主创新，提升核心竞争力的使命担当。

五、员工违反保密义务刑民交叉案

武汉大西洋连铸设备工程有限责任公司与宋祖兴公司盈余分配纠纷

案〔最高人民法院（2019）最高法民再135号民事判决书〕

【案情摘要】

宋祖兴与武汉大西洋连铸设备工程有限责任公司（以下简称大西洋公司）签订《离职后义务协议》，约定竞业限制及保密义务。大西洋公司认为，宋祖兴向案外人武汉恒瑞谷冶金科技有限公司（以下简称恒瑞谷公司）提供注册资金和技术支持，并披露了大西洋公司的商业秘密，违反了协议约定，遂诉至法院，请求判令宋祖兴承担相应的民事法律责任。经查，武汉市江岸区人民法院已在恒瑞谷公司及其法定代表人杨玉祥（大西洋公司的前员工）涉嫌损害大西洋公司商业秘密的刑事诉讼程序中，认定恒瑞谷公司构成侵犯商业秘密罪。本案一审、二审法院均认为，武汉市江岸区人民检察院指控恒瑞谷公司及杨玉祥涉嫌侵犯商业秘密罪刑事案，经公安机关侦查终结，侦查结果不涉及宋祖兴，亦无宋祖兴侵犯大西洋公司商业秘密的事实认定。根据刑事案件的侦查结果，恒瑞谷公司及杨玉祥涉嫌侵犯商业秘密的行为与宋祖兴无关，故驳回大西洋公司的诉讼请求。大西洋公司不服，向最高人民法院申请再审。最高人民法院认为，检察机关并未对宋祖兴提起公诉，故刑事判决不涉及宋祖兴是否参与实施犯罪行为的认定。因此，在刑事诉讼程序未对宋祖兴与恒瑞谷公司的关系进行审查与认定的情况下，不构成对本案民事诉讼程序的预决事实，也不应直接据此认定宋祖兴与恒瑞谷公司无关。本案中，根据在案证据，可以认定宋祖兴是恒瑞谷公司的实际出资人，其在离职后两年内以隐蔽手段隐名组建了与大西洋公司具有同行业竞争关系的恒瑞谷公司，违反了协议约定。最高人民法院遂提审本案，并再审改判撤销一、二审判决，支持了大西洋公司的诉讼请求。

【典型意义】

本案裁判充分彰显了严惩不诚信行为、维护公平竞争市场秩序的司法导向。同时，通过厘清知识产权刑民交叉案件中的事实认定与证明标准，促进了刑民交叉案件的协同审理机制，对此类案件的审理具有重要的规则指引意义。

六、OPPO“禁诉令”案

OPPO 广东移动通信有限公司、OPPO 广东移动通信有限公司深圳分公司与夏普株式会社、赛恩倍吉日本株式会社标准必要专利许可纠纷案〔广东省深圳市中级人民法院（2020）粤 03 民初 689 号之一民事裁定书〕

【案情摘要】

OPPO 广东移动通信有限公司、OPPO 广东移动通信有限公司深圳分公司（以下统称 OPPO 公司）应夏普株式会社要求进行标准必要专利许可谈判。谈判过程中，夏普株式会社在域外针对 OPPO 公司提起专利侵权诉讼。OPPO 公司认为，夏普株式会社单方面就谈判范围内的专利提起诉讼并要求禁令的行为违反了 FRAND 义务，遂向广东省深圳市中级人民法院提起诉讼，请求法院就夏普株式会社拥有的相关标准必要专利对 OPPO 公司进行许可的全球费率作出裁判。同时，鉴于夏普株式会社可能以“域外禁令”胁迫其进行谈判，OPPO 公司提出行为保全申请。一审法院裁定，夏普株式会社在本案终审判决作出之前，不得向其他国家、地区就本案所涉专利对 OPPO 公司提出新的诉讼或司法禁令，如有违反处每日罚款人民币 100 万元。在一审法院发出“禁诉令”后 7 小时，德国慕尼黑第一地区法院向 OPPO 公司下达了“反禁诉令”，要求 OPPO 公司向中国法院申请撤回禁诉令。一审法院围绕“禁诉令”和“反禁诉令”，进行了法庭调查，固定了夏普株式会社违反行为保全裁定的事实和证据，并向其释明违反中国法院裁判的严重法律后果。最终，夏普株式会社无条件撤回了本案中的复议申请和向德国法院申请的

“反禁诉令”，同时表示将充分尊重和严格遵守中国法院的生效裁决。

【典型意义】

本案颁发全球“禁诉令”、成功化解“反禁诉令”，表明了中国司法机关的鲜明态度，为企业公平参与国际市场竞争提供了有力司法保障，对中国从“国际知识产权规则跟随者”转变为“国际知识产权规则引导者”具有重要的推动意义。

七、“斗罗大陆”手游著作权侵权案

上海玄霆娱乐信息科技有限公司与成都吉乾科技有限公司、四三九九网络股份有限公司侵害著作权纠纷案〔江苏省高级人民法院（2018）苏民终 1164 号民事判决书〕

【案情介绍】

《斗罗大陆》系唐家三少（张威）创作的奇幻小说。张威将该小说的游戏改编权独家授予上海玄霆娱乐信息科技有限公司（以下简称玄霆公司）。同时，张威还创作了《斗罗大陆外传：神界传说》。成都吉乾科技有限公司（以下简称吉乾公司）通过多次转授权获得《斗罗大陆：神界传说》的游戏改编权。后吉乾公司开发了新斗罗大陆（神界篇）游戏软件，并与四三九九网络股份有限公司（以下简称四三九九公司）签订了分成合作协议，协议载明游戏的著作权人是吉乾公司。玄霆公司认为，吉乾公司、四三九九公司未经许可，侵害了其对涉案《斗罗大陆》作品的改编权，遂诉至法院。一审、二审法院均认为，涉案游戏属于大型游戏，如对所有章节进行公证，玄霆公司需要支出巨大成本，无疑增加了权利人的举证难度和维权成本，有违公平、效率原则。电子游戏与小说是不同的作品表达方式，判断二者是否构成实质性相似时，不能仅以游戏使用小说文字数量的比重进行判断，应综合判断其是否使用了小说中独创性表达的人物、人物关系、技能、故事情节等元素，并考虑小说中独创性的内容在游戏中所占比重。在判断游戏所使用文字的比重时，可以对游戏资源库文件反编译，以辅助确定游戏是否使用了文字作品中具有独创性的内容。吉乾公司开发的游戏大量使用了《斗罗大陆》小说中人物和魂兽名称、人物关系、技能和故事情节等元素，与涉案《斗罗大陆》小说构成实质性相似。吉乾公司未经玄霆公司许可开发涉案游戏，侵害了玄霆公司享有的改编权，故判决吉乾公司赔偿损失及合理费用共计500万元。

【典型意义】

本案涉及手机游戏侵犯文字作品改编权的认定问题。首次通过对游戏软件资源库反编译，提取其中的内容与文字作品的内容进行比对的方式，确定侵权游戏利用他人作品独创性内容的比重，提高了审判效率、拓宽了审理思路，是维护文化创意产业健康发展、妥善处理涉互联网著作权保护新问题的鲜活司法实践。

八、数据权益不正当竞争纠纷案

深圳市腾讯计算机系统有限公司、腾讯科技（深圳）有限公司与浙江搜道网络技术有限公司、杭州聚客通科技有限公司不正当竞争纠纷案〔浙江省杭州铁路运输法院（2019）浙8601民初1987号民事判决书〕

【案情摘要】

深圳市腾讯计算机系统有限公司、腾讯科技（深圳）有限公司（以下统称腾讯公司）开发运营个人微信产品，为消费者提供即时社交通讯服务。个人微信产品中的数据内容主要为个人微信用户的账号数据、好友关系链数据、用户操作数据等个人身份数据和行为数据。浙江搜道网络技术有限公司、杭州聚客通科技有限公司（以下统称两被告）

开发运营的“聚客通群控软件”，利用Xposed外挂技术将该软件中的“个人号”功能模块嵌套于个人微信产品中运行，为购买该软件服务的微信用户在个人微信平台中开展商业营销、商业管理活动提供帮助。腾讯公司向浙江省杭州铁路运输法院提起诉讼，主张其享有微信平台的数据权益，两被告擅自获取、使用涉案数据，构成不正当竞争。一审法院认为，网络平台方对于数据资源整体与单一原始数据个体享有不同的数据权益。两被告通过被控侵权软件擅自收集微信用户数据，存储于自己所控制的服务器内的行为，不仅危及微信用户的数据安全，且对腾讯公司基于数据资源整体获得的竞争权益构成了实质性损害。两被告的行为有违商业道德，且违反了网络安全法的相关规定，构成不正当竞争。一审法院遂判决两被告停止涉案不正当竞争行为，共同赔偿腾讯公司经济损失及为制止不正当竞争行为所支付的合理费用共计260万元。

【典型意义】

本案系涉及数据权益归属判断及数据抓取行为正当性认定的典型案件。本案判决兼顾平衡了各相关方的利益，合理划分了各类数据权益的权属及边界，为数据权益司法保护提供了理性分析基础，也为防止数据垄断、完善数字经济法律制度、促进数字经济健康发展提供了可借鉴的司法例证。

九、著作权集体管理组织垄断纠纷案

惠州市欢唱壹佰娱乐有限公司与中国音像著作权集体管理协会垄断纠纷案〔北京知识产权法院（2018）京73民初780号民事判决书〕

【案情摘要】

惠州市欢唱壹佰娱乐有限公司（以下简称欢唱壹佰公司）曾三次向中国音像著作权集体管理协会（以下简称音集协）发送《签订著作

权〈许可使用合同〉要求书》，要求就音集协管理的相关曲目，直接与其签订使用合同。音集协复函均未同意，并要求其与案外人广州天合文化发展有限公司（以下简称天合公司）沟通相关事宜。欢唱壹佰公司遂向北京知识产权法院起诉称，音集协通过与天合公司合作的方式对其集体管理的音像制品或作品曲库系统进行授权签约，因天合公司提出不合理的签约条件导致双方协商无果，而音集协三次拒绝与欢唱壹佰公司直接签约。前述行为系将音集协这一非盈利性著作权集体管理组织引入天合公司商业性集体管理的捆绑交易行为，构成滥用市场支配地位的垄断行为。一审法院认为，本案的相关市场应界定为中国大陆地区类电影作品或音像制品在 KTV 经营中的许可使用服务市场，音集协目前是该相关市场中唯一的集体管理组织，其获得授权管理的类电影作品或音像制品具有明显的数量和规模优势，从而在 KTV 经营中具有很强的代表性，故应当认定其在相关市场具有支配地位。但根据现有证据，音集协与天合公司之间系委托代理关系，天合公司并非反垄断法第十七条第一款第（四）项所规定的音集协所指定的第三方经营者，尚不足以证明音集协实施了反垄断法第十七条第一款第（四）项、第（五）项规制的限定交易、附加不合理的交易条件等垄断行为。一审法院遂判决驳回了欢唱壹佰公司的诉讼请求。

【典型意义】

本案涉及著作权集体管理组织运作机制、收费方式等诸多热点问题。判决明确了著作权集体管理组织仍受反垄断法规制，厘清了著作权集体管理组织的行为性质，及时回应了反垄断执法司法的实践需求。本案判决积极倡导加强集体管理组织的有序运行，有效保护权利人及各类经营者的合法权益，对推动文化产业有序发展、规范公平竞争的市场秩序具有重要意义。

新类型疑难案例选评

原告成都坤文运输有限公司诉被告王某刚、第三人韩某股东出资纠纷案

曾耀林 王文兵*

【裁判要旨】

注册资本认缴制下，公司债权人在一定情形下要求股东认缴出资加速到期已有相关的法律和司法解释、指导性案例作出规制。公司因资金短缺经营困难时，公司股东会也可以按照合法程序通过决议修改章程，要求股东认缴出资加速到期，出资不到位的股东有义务履行。股东会采取多数决原则通过决议要求特定或选择部分股东出资加速到期的，该决议无效，该股东有权拒绝履行。

【案号】

一审：（2019）川0182民初1280号
二审：（2020）川01民终3606号

【案情】

原告：成都坤文运输有限公司

* 作者单位：四川省彭州市人民法院。

被告：王某刚

第三人：韩某

成都坤文运输有限公司（以下简称坤文公司）成立于2017年5月15日，注册资本600万元，原股东为王某刚、韩某及牛某宇，三人分别持有公司30%、30%、40%的股权。2018年7月26日，王某刚、韩某、牛某宇与康某签订《股权转让承诺书》，约定将牛某宇所持坤文公司26%的股权、韩某所持20%的股权、王某刚所持20%的股权转让给康某。后坤文公司修改了公司章程，并载明股东名称、出资额、出资方式、出资时间；同时载明公司股东有王某刚、韩某、牛某宇、康某，认缴出资额依次为60万元、60万元、84万元、396万元，出资时间均为2047年5月10日。公司章程明确股东会由全体股东组成，是公司的权力机构，具有修改公司章程等职权；股东会会议由股东按照出资比例行使表决权，作出修改公司章程等决议必须经代表三分之二以上表决权的股东同意通过。2019年1月31日，坤文公司召开会议。会议记录载明会议议题为讨论如何解决公司资金链断裂问题，尽快支付公司员工工资、车辆贷款以及公司后续运营资金；同时载明参会人员协商结果为采取外借有息借款的方案解决资金问题。王某刚在参会人员确认处签名，但注明保留意见。2019年2月19日，坤文公司因经营出现资金缺口问题，召开临时股东会议并形成决议。决议第一项明确载明该公司股东王某刚、韩某、牛某宇应在该股东会决议之日起三日内向公司缴纳相应的股本金。该决议中载明王某刚对该表决事项不同意。2019年2月22日，坤文公司向王某刚发送催款函，要求王某刚按上述决议缴纳股本金。2019年5月30日，坤文公司召开股东会并形成股东会决议，主要内容为“同意将公司章程第二章第八条股东认缴出资时间由2047年5月10日变更为2019年5月30日”。同日，修改后的公司章程载明股东康某、牛某宇、王某刚、韩某的出资时间为2019年5月30日。

后因王某刚未在2019年5月30日缴纳出资，坤文公司起诉至法院要求其缴纳出资60万元。王某刚辩称其认缴期限未到，享有出资期限利益；康某作为坤文公司大股东利用支配地位修改公司章程加速认缴期，侵害小股东权益应属无效；坤文公司所指公司运作资金困难并不属实。故王某刚请求驳回坤文公司的全部诉讼请求。

【审判】

一审法院认为，根据《公司法》的规定，有限责任公司的注册资本为在公司登记机关登记的全体股东认缴的出资额。同时，有限责任公司的公司章程应当载明股东的出资方式、出资额和出资时间，股东应当按期足额缴纳公司章程中规定的各自所认缴的出资额。若股东会会议作出修改公司章程、增加或者减少注册资本的决议，以及公司合并、分立、解散或者变更公司形式决议的，必须经代表三分之二以上表决权的股东通过。因此，对于认缴制下的出资期限，股东对此具有一定的预期利益，未经全体股东同意时一般不应轻易修改，换言之，该股东无提前出资的义务。但当公司的经营状况发生变化时，公司可以根据实际情况予以判断对章程进行修改，要求股东提前履行出资义务。从认缴制的立法用意和实现公司利益最大化的目的出发，应当以股东如果不提前出资是否损害公司利益、加速出资决议是否经过合法程序为基本判断原则。就本案而言，坤文公司要求股东出资已有现实的必要性，且经合法程序修改章程，其诉讼请求应当得到支持。首先，坤文公司的经营已面临重大资金困难，要求股东提前出资具有必要性。坤文公司先于2019年1月31日召开会议，讨论通过公司向外借款方式解决因股东韩某起诉坤文公司并对坤文公司的应收款采取保全冻结措施导致公司资金链断裂的后续经营资金来源问题，又于2019年2月19日召开临时股东会议，股东会决议明确载明因公司目前面临资金需求及经营障碍故需要股东提前出资。王某刚虽然在决议中对该事项明确反对，但其对公司出现经营资金短缺是知晓的，坤文公司也依据该次股东会决议，向王某刚发出要求缴纳出资的通知书。一审庭审中，王某刚对未缴纳出资的事实予以认可。结合坤文公司的陈述及王某刚在庭审中提交的证据显示，坤文公司经生效文书确认还应支付韩某借款。据此判断，坤文公司目前具有补充经营资金的迫切需要。在此情形下，股东会决议提前出资有利于公司利益，实质上也并不损害股东利益。其次，坤文公司经过合法程序修改章程，要求股东提前出资具有合法依据。对于出资金额及出资期限，均应在公司章程中载明，章程载明内容对外具有公示效力，对内具有约束力。根据《公司法》及坤文公司章程的规定，涉及章程修改的，股东会决议必须经代表三分之二以上表决权的股东同意通过。根据查明的事实，坤文公司于 2019 年 5 月 10 日召开股东会，并经代表三分之二以上表决权的股东通过将出资期限从 2047 年 5 月 10 日变更为 2019 年 5 月 30 日。如前所述，坤文公司要求股东提前出资具有必要性，且在此之前亦召开临时股东会要求未出资的股东出资，并通过合理方式要求在一定期限内履行缴纳出资的义务，无证据显示该股东会决议存在违反法律规定而无效或者不成立的情形，该股东会决议事项合法有效。坤文公司已根据该项决议修改了公司章程，该章程载明的出资期限对坤文公司及股东均具有约束力。最后，案涉提前出资决议并非大股东滥用权利损害小股东利益的结果。公司在经营资金陷入困境之际，通过合法程序变更股东的出资期限，从而为公司的正常运转提供资金保障，其受益者既是公司也是公司所有股东，而非单向的大股东获益、小股东受损。故王某刚以被大股东损害利益为由而提出的坤文公司要求提前出资的股东会决议系无效的抗辩意见，因无事实和法律依据，不予支持。综上，王某刚应根据修改通过的公司章程规定，及时向坤文公司出资。股东未履行或者未全面履行出资义务，公司或者其他股东请求其向公司依法全面履行出资义务的，人民法院应予支持。一审法院判决王某刚于判决生效之日起 5 日内支付坤文公司出资款 60 万元。

王某刚不服一审判决提出上诉。其上诉理由是：（1）坤文公司仅向小股东追缴注册资本、未向大股东追缴，证实坤文公司被大股东控制侵害小股东权益。（2）一审判决认定坤文公司资金出现困难、资金链断裂，无事实依据；即使公司资金出现困难，也应当先向大股东主张权利，而非要求小股东提前实缴资本。（3）大股东利用控制地位回避自身出资义务，可以从小股东提前出资中获利。

二审法院认为，股东向公司缴纳出资系法定义务。坤文公司股东会根据公司资金状况，依照法定程序作出股东会决议，对公司章程作出修改。王某刚作为坤文公司股东，应当按照公司章程规定的认缴出资额、在出资期限内足额缴纳。王某刚所提在大股东未履行出资义务的情况下，坤文公司不应当向小股东追缴出资的上诉理由，没有法律依据。大股东是否履行出资义务，王某刚可另案主张，不能作为王某刚不履行出资义务的抗辩理由。据此驳回上诉，维持原判。

【评析】

注册资本认缴制下公司要求股东加速到期履行出资义务的限定条件

公司资本的确定、维持、不变三原则是传统公司法为防止股东有限责任对交易安全及债权人利益损害作出的基本制度安排。为进一步提升公司竞争力，现代公司法对资本三原则进行了修正。我国与时俱进适应现代公司法的发展，于 2013 年对《公司法》进行了修改，将公司资本注册制改为认缴制，极大便利了公司的设立并减少了股东股权投资成本。但由于对认缴期限没有适量的限制、对实缴出资比例没有低限要求，导致实践中在面对公司偿债能力不足时，债权人保护自己权益的法律武器缺乏，也引发了出资不到位的股东是否应承担加速到期义务的争议。好在《企业破产法》第三十五条、《最高人民法院关于适用〈中华人民共和国公司法〉若干问题的规定（二）》第二十二条、《最高人民法院关于民事执行中变更、追加当事人若干问题的规定》第十七条、《全国法院民商事审判工作会议纪要》第 6 条都确定了在特定情形下股东出资加速到期义务的规则。此外，最高人民法院发布了有关指导性案例，确立了出资加速到期的条件、申请主体责任、后果等规则。但纵观之，上述规则均解决的是公司债权人为实现债权要求公司股东履行出资加速到期义务的问题。而对于本案呈现的公司或公司其他股东对认缴制下未到期出资的股东是否有权要求其加速到期，如有，履行义务的要件有哪些等问题依然是规范空白。本案裁决思路提供了四点启示，即应从可行性、必要性、合法性、有效性四个方面限定公司主张股东承担出资加速到期义务的条件。

一、公司有权要求股东履行出资加速到期义务，解决了可行性问题

公司运行中产生的法律关系最典型特征为内外两分，即公司与股东或股东与股东之间的法律关系为内部关系，公司与第三人的法律关系是外部关系。外部关系的债权人在特定情形下有权主张股东履行出资加速到期义务已经法定，而在内部关系中公司是否可以主张股东出资加速到期呢？笔者认为，公司依然有权主张。法理曰“有损害就有救济”，公司被股东损害利益的情形并不鲜见，侵权方式也不胜枚举，其中股东认缴资金不到位就属于损害公司利益。《公司法》第二十八条规定：“股东应当按期足额缴纳公司章程中规定的各自所认缴的出资额。股东以货币出资的，应当将货币出资足额存入有限责任公司在银行开设的账户；以非货币财产出资的，应当依法办理其财产权的转移手续。股东不按照前款规定缴纳出资的，除应当向公司足额缴纳外，还应当向已按期足额缴纳出资的股东承担违约责任。”可见，股东的出资就是公司的财产，股东出资不到位即意味着公司财产不足。出资不实或不及时，直接影响到公司的履约能力。当公司该财产利益受损时当然有权向股东主张权利。《最高人民法院关于适用〈中华人民共和国公司法〉若干问题的规定（三）》第十三条规定：“股东未履行或者未全面履行出资义务，公司或者其他股东请求其向公司依法全面履行出资义务的，人民法院应予支持。……”该规定涵盖了在认缴制下股东按期或加速到期履行出资义务的情形。

二、公司经营出现严重困难时，股东出资加速到期具有强烈的现实必要性

公司行为是典型的商事行为，商主体向来有“经济人”和“理性人”的假设，选择资本实缴还是认缴，是公司发起人对于市场交易和市场风险理性判断的结果。《公司法》设定了注册资本认缴制，为商主体追求获利最大化创造了条件。在注册资本认缴制下，股东依法享有期限利益，即有权在认缴期未到期不出资，这也是风险与收益比较的结果。但凡事皆有度，《公司法》没有对认缴期作最高期限界定，实践中有股东认缴期限长达四五十年，远不能合理预测市场风险。公司的顺利发展往往取决于安全的交易市场和稳定、公平、可预期的营商环境。如果此过程中公司出现严重财产不足导致经营困难，而股东不提前出资挽救，眼睁睁看着公司走向解散或者破产，这种结果显然非各股东设立公司本意，也非股东心愿，还将影响到市场的交易安全。故如果认缴股东的出资期限虽未到期，但公司经营发展已陷入严重资金困难，此时，否定股东的认缴期限利益、实现出资加速到期即有迫不及待的必要。

三、实现出资加速到期，应以合法有效的股东会决议为依据

股东间发起成立公司的过程就是协商协议的过程，公司章程是股东间的意思合意体现。注册资本认缴制是法律赋予股东的权利，是否认缴取决于股东之间的合意。认缴制下，股东未出资或出资不实的相关法律后果已有规则，外部法律关系中的债权人利益能够得到制度保障。而股东之间的内部关系中，如果某方到期不履行出资义务，相互间承担的是违约责任，公司与股东之间承担的是侵权责任。公司章程是股东之间达成的契约，认缴期限和金额是公司章程中的主要内容，要改变认缴期限需要修改公司章程。公司的成立具有资合、人合双重因素，因此不能简单地以协商一致变更合同的原理要求全体股东也要协商一致才能修改章程。《公司法》对章程修改程序有明确规定，应满足若干条件。故可谓

能否加速到期取决于公司章程是否修改，公司章程能否修改取决于公司股东会决议是否合法。公司经营困难受阻是股东履行出资加速到期义务的充分条件，而公司股东会决议的合法性则是履行出资加速到期义务的必要条件。股东会决议的合法性应从实体和程序两个方面进行考察。《公司法》第二十二条规定："公司股东会或者股东大会、董事会的决议内容违反法律、行政法规的无效。股东会或者股东大会、董事会的会议召集程序、表决方式违反法律、行政法规或者公司章程，或者决议内容违反公司章程的，股东可以自决议作出之日起六十日内，请求人民法院撤销。……"《最高人民法院关于适用〈中华人民共和国公司法〉若干问题的规定（四）》还对股东会决议不成立情形作出了规定。这些法律规定都是判断股东会决议是否合法的依据。凡根据合法的股东会决议修改公司章程，章程内容就应得到股东的严格遵守。故如果股东会决议已合法议定出资加速到期，股东就有义务遵守，否则公司可以起诉届时出资不到位的股东。

四、股东会多数决不得实施定向股东出资加速到期，否则该决议无效

值得注意的是，因为修改公司章程是采取多数决原则，实践中有三分之二表决权的控股股东或大股东利用表决优势要求小股东履行出资加速到期义务，是否损害小股东利益？《最高人民法院公报》2021 年第 3 期刊登的鸿大（上海）投资管理有限公司与姚锦城公司决议纠纷案确立了"修改股东出资期限不应适用资本多数决规则"的裁判规则，其裁判要旨指出："公司股东滥用控股地位，以多数决方式通过修改出资期限决议，损害其他股东期限利益，其他股东可诉请确认该决议无效。"对此，笔者认为《最高人民法院公报》案例确立的规则没错，但判断是否"滥用控股地位"，则需要分不同情形而论。

一种情形，如果大股东利用表决优势通过的决议是定向或选择性要求小股东出资加速到期，而自己仍然认缴不加速，则该股东会决议将因

违反诚信公平原则、违反股东不得滥用权利的强制性规范而无效。理由在于，根据股权的内容和行使目的，股权可分为自益权与共益权。自益权是指股东专为自己的利益而行使的权利；共益权是指股东以参与公司经营为目的而行使的权利，或者说是股东以个人利益为目的兼为公司利益而行使的权利。虽然《公司法》规定修改公司章程属于股东会的职权范围，但章程内容中涉及股东自益权的事项，应由全体股东通过协议的方式予以约定处分，而不应由作为有限责任公司权力机构的股东会通过资本多数决的方式予以任意变更。《公司法》第二十条规定："公司股东应当遵守法律、行政法规和公司章程，依法行使股东权利，不得滥用股东权利损害公司或者其他股东的利益；不得滥用公司法人独立地位和股东有限责任损害公司债权人的利益。……"该条规定涉及公司整体利益，系强制性规定。《民法典》第一百五十三条规定，违反法律、行政法规的强制性规定的民事法律行为无效，故大股东利用多数决优势作出出资定向加速到期的决议，尽管结果上似乎有利于公司，但也是大股东滥用股东权利损害其他股东利益的表现，对此应作否定性评价，该决议应为无效决议。

另一种情形，如果股东会决议是要求所有股东均出资加速到期或只有小股东出资还未到期而要求其加速到期，该决议是有效决议。其一，所有股东均出资加速到期，权利与义务平等一致，不损害任何一方利益。尽管系多数决，但受益的是公司和所有人，其行为符合最基本的公平价值观，不能被视为滥用权利行为。其二，如果包括控股股东在内的其他股东均已出资到位或同意出资加速到期，通过股东会多数决要求小股东出资加速到期，也并不损害小股东利益。因为如前所述，公司已陷入财产困境，而小股东出资加速到期后，受益的是整个公司，公司受益自然延到股东受益，故在此情形下多数决也非滥用权利行为。

就本案而言，因坤文公司经营客观上已出现困难，股东会决议系经过有效程序作出，而修改后的公司章程无论对大小股东均提前了认缴出资期限，故现公司要求被告实缴出资应得到支持。如果大股东或其他股东不履行该义务，公司或被告均有权依法另行主张。

《最新法律文件解读》丛书
稿　　约

《最新法律文件解读》是一套以为最新法律规范提供同步“解读”为主的系列丛书，分为刑事、民事、商事、行政与执行4个分册，按月出版。

本丛书以“解读”为重点，突出全、专、新、快、准等特点，通过对最新出台的法律、法规、司法解释、部门规章以及重要地方性法规进行同步动态解读，弥补了法律、法规、司法解释汇编类出版物没有同步阐释、解读内容的不足，为广大读者学习理解最新法律规范，正确贯彻执行法律文件，及时解决实践中的新情况、新问题，提供一个全方位、多层面的法律信息平台。

欢迎您向以下栏目赐稿：

【最新法律文件解读】主要是对最新颁行的法律文件进行解读，帮助司法和执法人员正确理解法律文件的立法背景、意义、重点内容、在适用中应注意的问题、与相关法律文件的衔接与互动关系等。

【司法实务问题研究】主要刊登对司法理论、实务及司法管理工作中的热点、疑难问题进行研究及评论的文章。

【新类型疑难案例选评】主要是对司法和行政执法实践中具有典型性和代表性的疑难案例，结合具体案情以及审理或处理结果进行简练精辟的点评，解析认识问题的方法、处理问题的法律依据和在个案中的具体适用。

【法学前沿与新视点】以摘要的形式刊登相关法学理论研究的最新动态及具有代表性和典型性的前沿问题，扩展法学研究的深度和广度。

【法律适用问题解答】主要针对司法和行政执法实践中面临的新问题、热点问题、疑难问题进行简要的解答，指出涉及的法律关系，明确法律适用依据。

稿件一经刊用即付稿酬，稿酬从优。

《刑事法律文件解读》　杨晓燕　邮箱：5184621@qq.com

《民事法律文件解读》　丁丽娜　邮箱：dlnlaw@163.com

《商事法律文件解读》　路建华　邮箱：shangshijiedu@126.com

《行政与执行法律文件解读》　张　奎　邮箱：271717306@qq.com

人民法院出版社

《最新法律文件解读》丛书编辑部